宫闱搜秘

高阳 著

河南文艺出版社
·郑州·

图书在版编目（CIP）数据

宫闱搜秘 / 高阳著. -- 郑州：河南文艺出版社，2020.10

ISBN 978-7-5559-0979-8

Ⅰ. ①宫… Ⅱ. ①高… Ⅲ. ①随笔—作品集—中国—当代 Ⅳ. ① I267.1

中国版本图书馆CIP数据核字（2020）第059490号

豫著许可备字-2019-A-0065

著　　者　高　阳
责任编辑　孙晓璟　王战省
特约编辑　王　勇
出版监制　苗　洪　李　娟
封面设计　山川制本
出版发行　河南文艺出版社
本社地址　郑州市祥盛街27号出版产业园C座5楼
邮政编码　450018
印　　刷　三河市中晟雅豪印务有限公司
开　　本　870 mm × 1280 mm　1/32
印　　张　7
字　　数　160千
版　　次　2020年10月第1版
印　　次　2020年10月第1次印刷
书　　号　ISBN 978-7-5559-0979-8
定　　价　38.00元

如有印刷、装订质量问题，请致电010-59636628（免费更换，邮寄到付）

目 录

烛影斧声

“家天下”的制度，起自夏禹传位于子。从那时开始到五代告终，约计三千一百五十年，帝位的递嬗，始终以父死子继为天经地义。“陈桥兵变”，宋太祖代周而兴，做了十六年皇帝，临死之前，不传大位于子而传弟光义，是为太宗。在传统中，这是罕见的变格。

太宗的继统，太祖不召重臣顾命，亦无亲侍在侧，于烛影摇红、斧声戳地中，举天下以私相授受，似乎帝位的更移过程，没有比这更不可思议的了。因此，太宗的得位，在当时就被认为一大疑案。宋人笔记中，虽不敢公然质疑，可是旁敲侧击地，在许多地方表现了对太宗的讥刺。至于正面记述其事的，据我所知，有《湘山野录》《涑水记闻》，而所记的事实不同，所持的态度亦不同，前者存疑，后者意在“辩诬”。

先谈《湘山野录》。这部笔记的作者是杭州的一个和尚，法名“文莹”，与苏东坡是同时代的人。他在书中记述了一段“神话”，说太祖早年曾与一异人为友。在即位第十六年，也就是开宝九年的春天，复遇于洛阳，太祖问他：“我寿还得几年？”那异人告诉他，这年的十月二十夜里，如果是个晴天，则可延寿一纪，否则“当速措置”。

到了那一天晚上，太祖驾幸太清湖“望气”。其时星斗灿然，是个极好的晴天。正在他庆幸可以延寿之际，“天地陡变，雪雹骤降”。太祖记起“当速措置”的警告，立即传旨召“开封王”光义进宫，延入内寝，把太监宫妾都撵了出去，酌酒对饮。

在远处的近侍眼中，但遥见烛影下，太宗时或避席，有不胜之状。饮讫，禁漏三鼓，殿雪已数寸，帝引柱斧，戳雪顾太宗曰：“好做，好做！”遂解带就寝，鼻息如雷霆。是夕太宗留宿禁内，将五鼓，周庐者寂无所闻，帝已崩矣。

这里有两个名词，必须先作一解释。那时的赵光义，封号是“晋王”，领“开封尹”，所以文莹称他为“开封王”，实际上并无此爵称。其次是所谓“柱斧”，只是一把水晶小斧头，为北宋皇帝时刻不去手的一样仪物，好比老年人的手杖那样，用处甚多，可用以撑持，可用以叩门，亦可在发脾气的时候，用来打人。柱斧亦是如此，如仁宗幸张贵妃阁，见王拱宸所献定州红瓷器，以张贵妃不守“不得通臣僚馈遗”之戒，一怒用柱斧把那些瓷器打碎，即为一例。倘以为柱斧可以杀人，那就大错特错了！

在前引的一段文章中，“是夕太宗留宿禁内，将五鼓，周庐者寂无所闻，帝已崩矣”，字里行间，显然对太祖的死因存有疑问。因此，司马光为太宗“辩诬”，便着眼在说明太祖崩时，太宗不在禁内，他在《涑水记闻》中是这样说的：

太祖初晏驾，时已四鼓，孝章宋后使内侍都知王继隆，召秦王德芳。继隆以太祖传位晋王之志素定，乃不召德芳，径趋开封府召晋王；见医官贾德玄坐于府门，问其故，曰：“夜二鼓，有呼我门者，曰晋王召，出视则无人；如此者三。吾恐晋王有疾，故来。”继隆异之，乃告以故，叩门与之俱入见王，且召之。王大惊，犹豫不敢行，曰：“吾当与家人议之。”入久不出。继隆促之曰：“事久，将为他人有。”遂与王雪下步行至宫门，呼而入。继隆使王且止直庐，德玄曰：“须应直前，何待之有？”遂与俱进至寝殿。宋后闻继隆至，曰：“德芳来耶？”继隆曰：“晋王至矣！”后见王愕然，遽呼“官家”曰：“吾母子之命，皆托官家。”王泣曰：“共保富贵，无忧也！”

司马温公以真儒而为名臣，平生不作妄语，这段“纪闻”，自非捏造。温公自道“不诚之事，不可为之”，则“闻”其事而作“纪”，自然是深信太宗得位，绝无“斧声烛影”之疑；闻召而徘徊瞻顾，更可见无觊觎神器之意，所以得位，不过是王、贾拥立，宋后“遽呼”，一场傥来的富贵而已。

这就是“君子可欺以其方”了！司马温公拳拳忠爱，大概只想到这些话可为先帝辩诬，便忽略了这些话中的错误和矛盾。错误也者：第一，“内侍都知”应为王继恩，不是什么王继隆。第二，即使有宋后命王继恩招皇子其事，所召者应为太祖的长子德昭，而不是次子德芳，因为德昭为贺后所出，德芳生母不详，但宋后只比德芳大七岁。可知他绝非宋后的儿子。然则何以偏爱而不召长子德昭？第三，太祖崩时，德昭和德芳都不在开封，德昭以“兴元尹山南西道节度使”镇南郑，德芳以“贵州团练使”驻广西贵县，用意是在防备降服不久的“复蜀”和“南汉”。这两个人都不在开封，何由而召？

矛盾也者，说“太祖传位晋王之志素定”，这话不错；而且晋王也早有接管政权的准备，然则到了该他接位的时候，何以“犹豫不敢行”？这不但不合光义的性格，更不合乎当时的事实。

当时的事实是什么？细考史实及后人的评论，我认为赵家得天下的真相如下所述：

第一，“陈桥兵变”，出于太宗和赵普的密谋，太祖本人并无欺负柴氏孤儿寡妇的意思。

第二，太宗在策划“陈桥兵变”，推戴太祖做天子时，就已有了“兄终弟及”的打算，但他自己不便表示，所以由杜太后以母命做成“金匮之盟”——太宗“陈桥兵变”的密谋，杜太后和太祖的姑母大概都知道，只瞒着太祖一个人。

第三，太祖不愧孝悌，忠实地执行了“金匮之盟”。

第四，太宗即位后，有悔盟之意，赵普看出端倪，设计迎合，借以复登相位。

第五，德昭、德芳的死因可疑，而廷美获罪而死，则完全是赵普的阴谋。

第六，至此，“金匮之盟”中所约定的传位顺序，自然中断，太宗达到了传子的目的，而欺母、负兄、杀弟、逼侄的罪名，也就难逃于天地之间了。

由此更下一断语，烛影斧声，并无可疑，太宗所可訾议者，在后不在前。“金匮之盟”见于《宋史》“杜太后”、“赵普”等传。元修《宋史》，又修多本宋朝国史，则“金匮之盟”的始末，宋国史原已有记。既然国史有记载，知道的人自然不少，但宋人笔记中，几乎从未提到过有此盟约，而且也绝少谈到廷美、德昭、德芳的遗闻轶事，可知“金匮之盟”在当时是一大忌讳。

这个忌讳，易代以后，当然消失。哪知到了清朝乾隆年间，复成忌讳。《宋史》具在，真相大白，关于太宗得位的记载，明明《湘山野录》可信的成分多于《涑水记闻》，而毕沅著《续通鉴》，偏偏全采后者，只修正了一个小错误，把王继隆改为王继恩，因为有雍正夺嫡这一重公案，怕触犯时忌，引起文字狱，有灭门之祸。

如以为我这个说法武断，请再看一看赵翼的《廿二史札记》，这部书对正史的疑义阙失，以及历朝史事中的特点，无不表而出之，独独于宋朝开国事迹，以及太祖一变传统，传位于弟而不传子这等大事，略而不记，这又是为了什么？

以司马温公的方正、毕秋帆的渊雅，所记或不可信，真所谓尽信书不如无书！本此体念，我要从史书的夹缝里，找出一些真相来帮助读者了解这一件宫闱疑案的始末。

这话要从“陈桥兵变”谈起。五代十国这五六十年，是中国历史上最混乱的一个时期。篡弑相寻，兵连祸结，军人骄横跋扈，往往以拥立主帅作为一种取富贵、得庇护的捷径。当周世宗柴荣崩后，七岁的幼主即位，是为恭帝。这年十一月，据报北汉勾结契丹兵，将从山西渡黄河南侵，于是遣“殿前都点检检校太尉归德军节度使”赵匡胤领兵御敌。当时就有流言，说出兵之日，要拥立赵匡胤为天子。这在五代是不足为奇的事，但每逢这改朝换代的一天，士兵照例可以放抢，被称为“靖市”，所以稍微好一点的人家，也照例要逃一次难。

到了第二年，也就是恭帝宗训元年的正月初三，大军出发，当夜宿开封以北的陈桥驿。那时的赵光义还未改名，叫赵匡义，是他哥哥手下的“供奉官都知”，相当于现代一个兵团的后勤主管；赵学究赵普是“归德军掌书记”，相当于参谋长了。这两个人“部分诸将，环列待旦”，星夜派人联络禁军指挥官石守信和王审琦。天亮时，赵匡义和赵普进帐报告，说将士们认为幼主根本不懂事，出死力破敌亦没有人知道，“不如先册点检为天子”，然后北征，亦未为晚。

其时赵匡胤因为头一天夜里喝多了酒，残醉犹在，一时弄不清是怎么回事，起来一看，“将校已露刃列庭”，齐声说道：“诸将无主，愿册太尉为皇帝。”正在踌躇考虑时，一件黄袍已披到他身上，将校拜呼：“万岁！”接着，把他扶上了马，向南回城。

事出无奈，赵匡胤只好这样说：“你们贪富贵，立我为皇帝，如果听我的话，我接受，否则，我不干！”全体将校下马表示听命，于是相约：不得惊犯周太后和恭帝；不得欺凌大臣；不得抢掠扰民。遵命重赏，违命重罚。然后整队进城，接收了后周的政权。因为“归德军”驻宋州，于是定国号为“宋”，改元为建隆。

据《宋史》记载，“兵变”的起因是军次陈桥驿，部队里有个懂天文的人，名叫苗训，“引门吏楚昭辅视，日下复有一日，黑光摩荡者久之”，是天命有归，因而起意，去报告赵匡义和赵普，然后如何如何。

这是有意用曲笔为赵匡义和赵普开脱，因为既是临时起意，一夕之间何来御用的黄袍？同时，所谓“北汉会契丹入寇”，根本就是一个假情报。清人查初白有诗：“千里疑案陈桥驿，一著黄袍便罢兵。”隐隐然指责赵匡胤居心不良，其实是冤枉了他。赵匡胤不但不知有其事，而且亦不乐为天子——后面将有说明，这里暂且不谈。

根据各种迹象来研判，我确信“陈桥兵变”出于赵普的策划，赵匡义的导演，甚至我还相信，杜太后和太祖的姑母，事先都是知道的。《宋史·后妃传》说：“太祖自陈桥还京师，人走报太后曰：‘点检已作天子。’太后曰：‘吾儿素有大志，今果然。’”杜太后的态度，实在令人奇怪！照常情来推测，做父母的一旦听说儿子做了皇帝，绝不可能有如此从容镇静的反应。我的家乡有个真人实事的笑话：父子二人同赴春闱，榜发之夕，同榻不寐。先来了个报喜的，说是“少爷中了”，做儿子的慌忙下床，连鞋子都顾不得穿，光着脚就奔了出去。做父亲的心里觉得不是味道，便骂儿子：“得失小事，何用如此！”到了后半夜，又来了一个报喜的，说是“老爷中了”，这位老爷正下床方便，一听报喜的声音，顺手把溺壶往桌上一放，奔了出去打听消息。于是做儿子的反唇相讥，一面移去溺壶，一面笑着说道：“得失小事，何用如此！”

想想看，功名得失，尚且如此萦怀，何况傥来的一场大富贵。

《五代史》记梁太祖朱温破黄巢，为“宣武军节度使”，派人到萧县去奉迎他的母亲时，其母“惊喜泣下”；或者如清末醇亲王听说他的儿子载湉被指定继承皇位时，“碰头痛哭，昏迷伏地，掖之不能起”（翁同龢亲述所见），倒也是正常的反应。总之，无论为喜为忧，当此时也，情绪绝不可能不激动。于此可知，杜太后对“点检作天子”在心理上早有准备，为了要给人一个事所必至、无足为奇的印象，来冲淡大局剧变的严重性，所以才出此矫情镇物的态度。

其次，“吾儿素有大志”的话，是杜太后故意这样说的，其实不然。《涑水记闻》记载：

> 周恭帝幼冲。太祖英主有度量，将士归心。将北征，京师宣言：出军之日，当立点检为天子。富室或挈家逃匿，独宫内不知。太祖惧，密以告家人曰：“外间汹汹若此，将如何？”太姐姊面如铁色，方在厨，引面杖逐太祖击之曰：“大丈夫临大事，可否当自决，乃来家内恐怖妇女何为耶！”太祖默然出。

按：《邵氏闻见录》亦有此记载，以姊为姑。据《宋史·公主传》，太祖有两个妹妹，没有姐姐，应以“姑”为是。这位老姑太太的态度说话，固然大可玩味，而太祖的并无大志，于此更可得一明证，否则应喜不应“惧”。此一“惧”也，与醇亲王骤闻做帝父，“痛哭伏地”，是一样的道理。

正因为有此一“惧”，赵匡义和赵普不得不假借北征的名义，发动“兵变”，并以将校环列露刃相胁迫，皇帝是不做不行了！但实违反太祖的本心。他不嗜杀，而做皇帝，尤其是开国之君，非杀人不可；他不喜欢处在一个危险的位置上，而做皇帝，尤其是在五代，随时有被弑的可能；他不喜欢拘束，更讨厌繁文缛节，而做皇帝必须受各种礼制的束缚；他喜欢行动自由，而做皇帝最不自由。太祖是一个忠厚、率真、安闲、朴实、讲情感义气的人，凡此都不像一个三代以下做皇帝的性格。《宋史·本纪》记他五十岁那年还“步至晋王邸”，玉辇大驾，非所爱慕，真正是“富贵于我如浮云”了！

谈到这里，问题就来了。既然哥哥不乐为天子，为何做弟弟的非推戴他不可，甚至不惜出以露刃胁迫的手段？这个问题，我想我不说，读者也知道，是太宗——赵匡义自己想要做皇帝，但以资望不够，所以撮弄“将士归心”的太祖出来做一个过渡。

于是就有了“金匮之盟”。这重公案的前半段是这样的：建隆二年，也就是太祖做了皇帝的第二年夏天，杜太后得病，太祖亲侍汤药，不离左右。太后临终以前，把赵普召来受顾命。她先问太祖：“你知道不知道，你是如何得天下的？”

“自然是爷爷、爹爹和太后的余庆。”

“不然，”杜太后说，“是柴家让七岁的孩子做皇帝的缘故。主少则国疑，启人觊觎之心。如果后周不是孤儿寡母当家，立一个长君，你哪里会有今天？所以，你百年以后，要传位给光义，光义传光美，光美再传给你的儿子德昭。四海甚广，国事烦剧，要立长君，才是社稷之福。”

“是。”太祖流着眼泪说，“儿子一定照娘的意思做。”

于是杜太后转脸对赵普说：“你也一起记着我的话，不可违背。”

赵普做事讲究手续，当时就在杜太后的病榻前，把他们母子的对白，以及吩咐他的话，做了一个“笔录”，成为誓约，最后又注了三个字：“臣普记”，表示自己是这个誓约的见证人。然后把它“藏之金匮，命谨密宫人掌之”。

以上是“金匮之盟”的由来。杜太后的话说得入情入理，但仔细研究，却有个绝大的漏洞。按：当时太祖三十五岁，德昭以乾德二年出阁，乾德三年娶妻，则在当时至少已有十二岁，杜太后没有理由不相信她的儿子不能活到六十，到那时候德昭已经三十七岁，这还不算“长君”吗？

我们再算一笔账，光义与太祖都属猪，前者小十二岁，当时二十三；光美在雍熙元年死于房州，算起来当时是十五岁，只比德昭大三岁。假定他们都活六十岁，则照杜太后的计划，列一个表来看看他们即位的年龄：

太祖	35→60
光义	23→48※→60
光美	15→40→52※→60
德昭	12→37→49→57

附注：※即位之年

在那个时候，五十已成老翁，光美五十二岁即位、德昭五十七岁即位，精力衰颓，又岂是“社稷之福”？所以杜太后遗命中，最要紧的只有一句话：“汝百岁后，当传位光义”；而又可断言，这一番话是光义所说，只是出自杜太后之口而已。同时，必召赵普为顾命之臣，又可知必出于赵普的策划，成拥立之功——这在他以后设计陷害廷美（即光美——编者注）时，居心何在就明白了。

这以后，太祖很忠实地遵从遗命，执行誓约，在杜太后崩逝后不久，诏令以光义领开封尹。依五代的制度，预定的皇位继承人常担任这个职务。而且太祖常对近臣称赞光义，说他“龙行虎步，生时有异，他日必为太平天子，福德吾所不及”。到了开宝六年，更封光义为晋王，朝班在宰相之上；而对他的长子德昭，却只给了“贵州团练使同平章事”的职称，同于相位，却无相权。

现在我要谈谈这件宫闱疑案中最重要的一个角色，即那位号称“半部《论语》治天下”的赵普。赵普字则平，原籍幽州蓟县，他父亲因为避兵祸辗转迁至洛阳，就在那里落籍。他比太祖大五岁，两人在滁州相识。那时周世宗用兵淮南，太祖与他父亲——追尊为宣祖的赵弘殷，分典禁兵，太祖拔滁州，宣祖却在滁州病了。其时赵普是个军法官——“军事判官”，侍奉宣祖的汤药，极其殷勤，宣祖便拿他当同族的子弟看待，太祖也跟他交成了很好的朋友。

淮南一平，赵普调补为渭州军事判官，太祖调升为同州节度使，以他为推官。不久太祖移镇宋州，就是现在的河南归德，他把赵普带了去，保荐为“掌书记”。赵普一跃而为太祖的幕僚长。

陈桥兵变，太祖即位，赵普以佐命元勋，授“右谏议大夫充枢密直学士”，这是个直接参与最高军事机密的职位。到了建隆三年，拜“枢密使检校太保”，枢密使掌管军政，在五代及宋初，是个极重要的职位，称为“使相”。

在这个阶段中，赵普遇到了一个对头，名叫卢多逊，是名父之子。他的父亲卢亿，德行甚高，是五代的好官之一。卢多逊学识渊博，颇得太祖赏识，以翰林学士“知制诰”，是清高华贵的天子近臣，常在太祖面前说赵普的短处。偏偏赵普不争气，有一次在太祖面前出了洋相。叶梦得的《石林燕语》记其事甚趣：

卢相多逊素与赵韩王（普）不协。韩王为枢密使，卢为翰林学士，一日同奏事，上初改元乾德，因言此号从古未有，韩王从旁称美。卢曰："此伪蜀时号也。"帝大惊，遽令检史视之，信然。遂怒，以笔抹韩王面曰："汝争（怎）得如他？"王经宿不敢洗面，明日奏对，帝方命涤去。自此隙益深，以及于祸。

就算马屁拍在马腿上，太祖似不必如此动怒，而赵普亦不必如此惶惧，由此可见，"乾德"的年号，即使不是出于赵普的献议，亦必为他所赞成。按：前蜀王衍的年号为"乾德"，相去才五十年，便已茫然，赵普不学如此，无怪乎太祖要劝他多读书了。

但话虽如此，太祖对赵普的宠信未衰。乾德二年赵普拜相，于是伐蜀、伐南汉，都由太祖、太宗与赵普密定大计，而且往往是在赵普家中。

做了七八年宰相，赵普的钱捞了不少，在开封和洛阳大起第宅，"外门皆紫荆，后苑亭榭制作雄丽"。为了盖新宅，派人到陕西、甘肃去采办大木，而所派的人又打着宰相的旗号，公然走私。事发以后，太祖大怒，准备"下制逐普"。按：宋朝的册立后妃、拜相罢相，都要"下制"，制敕以白麻书写，所以又称"宣麻"。写"宣麻"是件极郑重的事，因为天下公论，褒贬皆以"宣麻"为断。

"制敕"出于"知制诰"的翰林学士之手，起稿称为"草制"或"作麻"，例有丰厚的润笔，当事人为求美言一二，常有厚赠，甚至后妃亦不例外。

其时"知制诰"是卢多逊，冤家对头，如果宣麻，绝不留丝毫情面，所以赵普极为紧张。幸而太祖的儿女亲家王溥，帮他求情，赵普总算留了下来。

不久，又出了个大乱子，在杭州的钱王送了十坛海产给赵普，放在走廊上还未收起，太祖来了，一见便问是何物，说是海产，太祖叫打开来吃。哪知打开一看，全是“瓜子金”，赵普大为惶恐，说实在不知情。太祖叹口气叫他收下，但对他印象已经太坏，加以卢多逊专门揭发他的不法行为，太祖决定不要他当宰相了。

宋朝的制度，大臣有罪，如非谋逆或大不敬，不会下狱，处置的方法是调为地方官。如果圣眷未衰，或有人帮忙，便派到好地方去，否则就给一个“边远小州”。赵普罢相，出任“河阳三城节度使”，所管的地方，就是现在河南的孟县（孟县，今河南孟州市——编者注）。

到孟县接了事，赵普出了个花样，上表太祖，说：“外人谓臣轻议皇弟。开封尹皇弟，忠孝全德，岂有间然？矧昭宪皇太后大渐之际，臣实与闻顾命。知臣者君，愿赐昭鉴。”这里的所谓外人，自是指卢多逊，所以上表的用意，是为了卢多逊说他轻议皇弟，有所分辩。但是，这是表面文章。

以我的看法，此是赵普另求富贵的敲门砖，这道表的最大作用，是在试探太祖的意向。“金匮之盟”到此已经十二年，虽然光义一直担任着被作为储位看待的开封尹，但到底不同于正式的立储，名分早定，谁也争不走。在这十二年中，太祖可能改了主意，将来传子不传弟。金匮誓约在宫中，随时可毁。赵普的目的，就是希望借此一表，测出太祖的反应。倘有改变主意的迹象，赵普就要去巴结皇长子德昭了。如果主意不变，则此一表留存宫中，将来亦可作为向光义邀拥立之功的根据。反正左右逢源，无往不宜。赵普的政治艺术，真可说是“已臻化境”。

果然，太祖做出了正确的反应，封光义为晋王，朝会班次在宰相之上，这是进一步支持光义的鲜明表示。赵普心知太祖未改素志，依然遵守金匮之盟的约束。后来又知道，太祖甚至“手封其表”，藏入金匮，为赵普拥立太宗，添一强有力的证据。这真是“君子可欺以其方”，同时也越见得赵普以后的行事，负太祖太深，无怪乎他晚年内疚神明到了疑神疑鬼的程度。此是后话，暂且不提。

太宗封晋王在太祖开宝六年九月，三年以后，太祖驾崩，晋王接位，是为太宗。以光美——此时已改名廷美——为开封尹，封齐王；德昭为永兴军节度使，兼侍中，封武功郡王；德芳为山南西道节度使同平章事，兼领兴元尹。不久又下诏，太祖与廷美的子女，并称皇子皇女，以示一体。

在这时候，我们不妨认定，太宗是有遵守杜太后遗命的打算的。他让廷美接替了他原来的位子，在开封尹为储位的传统以外，廷美的子女并称皇子皇女，尤为廷美将承大统的明确暗示。而猜忌之心，也就萌于此了。

整个的大变化，始于太平兴国四年。这年正月，太宗亲征北汉，准备以廷美留守京城，开封府判官吕端向廷美进言：“上栉风沐雨，以申吊伐，王地处亲贤，当表率扈从，若掌留务，非所宜也。”于是廷美奏请扈从——太宗准备命廷美留守，原是不得已的举动，因为天子巡幸亲征在外时，照例由储君监国。如果不这么做，即表示他对廷美有猜忌，而实际上确实是有猜忌的。由于吕端那一番冠冕堂皇的辞令，解除了太宗一个绝大的疑难，也消除了他的一个后顾之忧。无怪乎吕端以后获得重用，而太宗说他“大事不糊涂”，亦正就指此而言。

在当时，北汉是五代十国中唯一未为宋朝并吞的一国，地处山西北部，国主姓刘，一向与雁门关外的契丹有勾结。太宗为统一宇内，伐北汉自有必要，但大臣多以为不可，只有平蜀、下江南，武德高超、勋业彪炳的曹彬赞成。太宗便做了最后的裁决，以潘美——就是京剧《杨家将》中的潘仁美为“北路都招讨使”，领兵渡河，直薄太原，分四面攻城。

北汉为宋所攻，有上十次之多，每次兵临城下，总是不战自退。因为宋初的国策，采取赵普的献议，独留北汉，屏障边患，而雄才大略的太宗，决心进取，所以从潘美出师后，自将大军，亲临征讨。

这一次战役就专家的观点，严格评论，是失败的，而且将帅不和，冲突的双方，一个上吊，一个中风，虽瞒着太宗，而军中无不知其事，大为影响士气。

太原总算在五月里打了下来，汉主刘继元奉表投降。此时太宗要移师征契丹，乘胜取幽蓟。诸将皆以师疲粮缺为由，不赞成的多，太宗都不听。六月间由易州、涿州进拔幽州；七月间，蓟州也投降了，打得似乎很顺利。

契丹的国号就是“辽”，《四郎探母》中的萧太后，那时还是王后，芳名“燕燕”。萧燕燕是个很能干的女人，辽主有病，由她专决国政，此时派名将耶律休哥救燕，星夜急驰，到了北平城外高粱河的地方。恰好辽将耶律沙将要败退，耶律休哥及时赶到，回师反攻，反败为胜，宋军战死了一万多人。

这时是八月间，秋风已起，凡是西征北伐与异族交锋，一到秋天，往往要班师，因为塞外秋高马肥，正是胡骑活跃的时候。转眼秋深冬至，中原士兵则不耐苦寒了，两相对照，胜败不卜可知，于是太宗引师南还。

耶律休哥乘胜进击，穷追不舍，太宗狼狈不堪，追到涿州，竟至轻骑脱逃，所有辎重以及随携的宫嫔，都为耶律休哥所俘获。这还不算，太宗屁股上还吃了两箭，弄成个“箭疮”，年年都要复发。据后来神宗告诉大臣，太宗之崩，就是箭疮复发的缘故。

在混乱之中，还几乎造成一个动摇国本的大错误。有一天晚上，忽然群情惶惶，奔走相告，说皇帝失踪了！国不可一日无君，于是有人提议立德昭继位。幸好大家很快地发觉这是一场误会的虚惊，才把这个提议打消，否则出现了两位大宋天子，后果不堪设想。

伐辽的这一役，为宋朝开国以来，遭遇的首次挫折，损兵折将，大伤天威，太宗心里的不快，可想而知。偏偏少不更事的德昭，不识眉高眼低，只为了一句话，导致了一场绝大的悲剧。

宋初待武将极厚，命将出师以前，征伐作战之中，班师凯旋以后，迭有赏赐。这一年伐辽虽然不利，可是征北汉总算三军用命，克敌致果，应该赏功。但太宗因为征辽大败而归，心境不佳，“久不行太原之赏”。德昭可能听到了将领们在私底下有怨言，便特意提醒太宗，这件事不能再耽搁，应早早处理为佳。

这一下触发了太宗的郁怒，厉声答道：“等你自己做了皇帝，再赏也不晚！”

德昭当时不敢申辩，回到私邸，引剑自刎。到底是一时羞愤，遽尔轻生，还是因为他认为他叔叔的话中，隐含着军中误传天子失踪，准备拥立德昭这个误会，此时表露了猜忌之心，因而一死以明志，那就是永远无法究诘了。

这是太平兴国四年秋冬间的事，到了太平兴国六年三月，太祖的小儿子德芳也死了。德芳的死因，照史书上看，无可怀疑，是因病而死。太祖四子，老大、老三早夭，老二德昭自杀，老四德芳再一死，太祖就只有孙子在世。这一下，皇位继承的顺序，便发生了极大的变化。

照原来的顺序，太祖传太宗，太宗传廷美，廷美传德昭，德昭既死，自然传德芳，神器依旧归入太祖的子孙，不违杜太后的遗命，亦不负太祖“手挈天下以与弟”的盛德。可是照现在的情况看，大位落入廷美手中，则廷美将来一定传子，帝系如此不明不白地转移，太宗自然不能甘心。

所以德芳的死，把廷美推入一个异常危险的位置，也就是说，他失去了德芳的屏障，成了太宗寝食难安的一个隐忧。如果此时吕端还在他幕府中，也许会劝他上表，解除开封尹的职位，以示不欲居储位；或者索性说得更明白些，请立太子，示天下以神器有归，则必可以“秦王”的身份，长保富贵。

无奈那时秦王廷美的手下，不是饭桶，就是小人，计不及此。相反地，太宗在藩邸的旧人，却把这些因果以及太宗的心理，看得很清楚。一年以后，有个叫柴禹锡的，终于发难!

柴禹锡是晋王府的旧人，素为太宗的耳目。太平兴国七年三月，他密告秦王廷美骄恣，将有阴谋。这一大半是诬告，太宗无法追究其事，只把廷美由开封尹调为“西京留守”，同时把柴禹锡升了官，奖励他的告密。

这是一个强烈的暗示：太宗的本意，已成司马昭之心。既然攻秦王可得富贵，于是告密者不一而足。太宗疑心生暗鬼，颇感困惑，想起赵普是开国老臣，阅历甚深，便召见赵普，征询他的意见。

赵普等了多年，终于等到了机会。他自出镇河阳之城，一直郁郁不得志。太宗即位，入朝申贺，本以为金匮之盟一发，忠忱立见，必得大用，哪知太宗根本不知有此同盟——皇帝继承的顺序，可能只是烛影斧声之夕，太祖临崩的密嘱。赵普看到太宗没有表示，也不敢说破，因为像这样有关帝位递嬗的大秘密，必不能轻道一字；否则不但一文不值，反而会引起太宗的猜疑，以为他有挟制之心，则性命或且不保。太祖忠厚，赵普可以玩弄；太宗是雄才之主，赵普绝不敢造次。

另一方面，赵普的政敌卢多逊，多年来全力阻抗他再起。在朝的宰相，处处方便，赵普被他压得抬不起头来。当此之时，赵普的儿子承宗，娶了太祖的妹妹燕国长公主的女儿。承宗原来是泽州知州，受诏进京成婚，与皇家结成亲戚，应该可以留京供职，而卢多逊以宰相的权威，不等赵承宗新婚满月，就下令叫他回任。赵普觉得他欺人太甚，愤不可遏，恰好太宗召问，赵普便下了辣手，准备把卢多逊牵涉进这件大案子里。

首先赵普表示："愿备枢轴，以察奸变。"这句话便很厉害，表面看是他请求内调，复登相位，其实是针对卢多逊的一支冷箭，暗示卢多逊身为宰相，不能防察奸变，再进一步看，何以不能防察奸变？以下就有大文章可作了。

大概召见的结果，太宗颇假以辞色，增强了赵普的信心，因而退后上书，把当初受杜太后顾命，以及出镇河阳时，如何自陈未"轻议皇弟"的经过，原原本本，奏陈御前。太宗至此方知有所谓"金匮之约"，打开来一看，证实了赵普的话，只字不虚。

太宗这时才知道，赵普对自己是如何忠心！一向太薄待了他。感悟之下，亲书手诏召见。他对赵普说：“人孰无过？我不必等到五十岁，方知四十九年之非！”这年太宗四十四岁，特引孔子“行年五十而知四十九年之非”的话以自责，表示对赵普的歉意。

于是赵普复又拜相，与冤家对头的卢多逊，一堂治公。重新得势的赵普，这时有两件大事要办：为太宗，要“察奸变”；为他自己，要驱逐卢多逊。

这两件事，本来可以没有关联，之所以拴合在一起，也要怪卢多逊自己不智。一山不能容二虎，赵普复相，且以资望甚深，班次在王侯百僚之上，如果卢多逊见机，便当乞退，找个繁华的富庶地方坐镇，安享清福；但他贪恋权位，对于赵普的一再让他引退的暗示，踌躇不决，因而半年之后，招来一场大祸。

这场大祸起于太宗和赵普的一个默契。当赵普复起未几，太宗曾以皇位传弟还是传子这个大问题向赵普垂询。赵普答道：“太祖已误，陛下岂容再误？”这话说得十分率直，也十分深刻，意思是：“太祖当初将皇位传给你，就是一个错误，你如何可以再犯同样的错误？”

就是这句话，注定了廷美非死不可的命运。照现存的史料来研究，剧变发生于太平兴国七年三月下旬到四月中旬这不足一个月的时间内。三月初三乙未，廷美罢开封尹为西京（安）留守，此是柴禹锡告变一事的结果。到了三月二十壬子，太宗赐廷美通犀带，钱一千万贯，绢、彩各一万匹，西京甲第一区，并命枢密使曹彬在琼林苑为廷美饯行，凡此皆可以看出，太宗知道柴禹锡的密告并无根据，所以善遣廷美，赏赐极厚。

及至廷美离京，不过半个月的工夫，便有“卢多逊与廷美交通事”一案的发作，是为赵普的一石两鸟之计。一个是宰相，一个是领开封尹的亲王，互遣小吏，有所关白，其事不足为奇，但欲加之罪，何患无辞？太宗下令，组织“特别法庭”审问其事，“审判官”一共四个人，“翰林承旨”李昉和“翰林学士”扈蒙，都是谨身奉上的老好人，所以审判的实权落在“卫尉卿”崔仁冀和“侍御史”滕中正手中。滕尤严酷，因而审出许多“罪状”，此案成为大狱。

卢多逊被解除了相职，“下御史狱”。同时被捕的还有中书省堂吏赵白，秦王府孔目官阎密，小吏王继勋、樊德明、赵怀禄、阎怀忠等。中国的监狱，我们可以这样说，至宋还有秦代的阴影未消。汉宣帝时，廷尉使路温舒的奏疏中，就曾坦白指出：“臣闻秦有十失，其一尚存，治狱之吏是也。”宋朝的天子算是宽厚的，屡有恤狱的诏令，而狱中的黑暗如故，狱吏的权威如故，而处理牵涉叛逆或宫闱的案件，尤其惨无人道。卢多逊到了这个地步，唯有“具伏”，否则将来的结局不可知，眼前的亏吃定了。

卢多逊的供词为：“累遣赵白以中书机密事告廷美，且曰：‘愿宫车晏驾，尽力事大王。’廷美亦遣小吏樊德明报多逊云：‘承旨言，正会我意。’因遗之弓箭，多逊受之。”这是所谓“交通”的实迹，而实不成其为罪状。论地位，如果秦王还不能与闻国家机密，则还有什么人够资格？而且太祖在日，太宗以“皇弟”的身份，不止于参与机密，发言且具有决定性的影响力，则卢多逊以宰相而将机密告知兼领开封尹的秦王，以取得政策执行上的协调，正是分内应做之事。至于馈赠弓箭，越发是小事，以此为罪，抑何可笑。

唯一可以作为罪证的，只是“愿宫车晏驾，尽力事大王”这句话。但论情理不通，卢多逊已经位极人臣，且一直受到太宗的信任，有何理由希望“宫车晏驾”，秦王接位为天子？由此可知，卢多逊的“诬服”，也许只是为了先脱缧绁之厄，与屈打成招的道理是一样的。

这一案的结果是，奏陈御前，太宗下诏，命文武群臣集议朝堂。当时少骨鲠敢言之士，而且叛逆大案，人人怕惹牵连，所以由资历最深的重臣，太子太师王溥领衔复奏：“请依有司所断治罪。”而所认定的罪状，不过卢多逊自供中“愿宫车晏驾”那句话的发挥，他说：“身处宰司，心怀愿望，密遣堂吏，交结亲王，通达语言，咒诅君父。”宰相“交结亲王”何需“密遣堂吏”？而“咒诅君父”的“语言”，又何可遣堂吏“通达”？其为冤狱，即此更可断言。

而太宗仍旧做了最后的裁判。赵白、王继勋等一干人，自然是杀头。对卢多逊，宽免他的死罪，配流崖州，即现在海南岛的南端，在宋朝人们认为一旦充军到了那里，是很难生还的。

至于廷美，“西京留守”的职位虽未被夺，但“勒归私第”，形同软禁；他的儿子，原为“一体并称皇子”的，此时仍旧改称为“皇侄”；他的女儿原来被封为“云阳公主”，下嫁韩崇业，此时被褫夺公主的封号，韩崇业亦不再是“驸马都尉”，而且不准她住在京城，发遣西京，依廷美而居。这无异布告天下，太祖创下的“兄终弟及”的成例，已经废止，大宋的皇位，从此父子相传。

目的是达到了，但这件事做得实在不够漂亮，所以太宗在廷美死后，对大臣有番表白。据《宋史·宗室列传》记载其言如下：

“廷美母，陈国夫人耿氏，朕乳母也。后出嫁赵氏，生廷俊。朕以廷美故，令廷俊属鞬左右，而廷俊泄禁中事于廷美。迩者，凿西池，水心殿成，桥梁未备，朕将泛舟往焉。廷美与左右谋，欲以此时窃发，不果，即诈称疾于邸，俟朕临省，因而为变。有告其事者，若命有司穷究，则廷美罪不容诛。朕不欲扬暴其丑，及卢多逊交通事发，止令居守西洛，而廷美不悔过，益怨望，出不逊语，始命迁房陵，以全宥之。至于廷俊，亦不加深罪，但从贬宥。朕于廷美盖无负矣！”言未讫，为之恻然。李昉对曰：“涪陵悖逆，天下共闻，西池禁中事，若非陛下委曲宣示，臣等何由知之。”

按：李昉是主审卢多逊交通秦王一案的“首席审判官”，奉旨“杂治”，杂治者，不限于“交通”一事。所传的“被告”甚多，廷美的同母弟，军器库副使赵廷俊也在案内。在这样的情况之下，果然有准备在太宗西池泛舟时，暗加谋害的逆谋，自然会在那么多人的口供中泄露，而作为“首席审判官”的李昉，竟毫无所知，岂非怪事。

由这一点，就可以判断太宗说这一番谎话，完全是为了要表示他“无负廷美”。因为话中的漏洞很多，譬如说，“不欲扬暴”廷美之丑，固为顾念廷美是异母弟，同气连枝，有所不忍，但赵廷俊与太宗并无血缘关系，有此“逆谋”，何以“不加深罪”？卢多逊为有功于国的宰相，不过因“愿宫车晏驾”一语，便流配崖州，而直接参与危害君上密谋的人，“但从贬宥”，世上没有这种道理，更不像英武雄才之主的所为。

至于说廷美在西京长安“不悔过，益怨望，出不逊语，始命迁房陵”，这也是虚言。究其实际，是赵普推廷美落井而又下石的狠着。

因为，廷美虽“勒归私第”，仍保有“秦王”的封号，如果有意谋反，或效五代的割据，他有三个有利的因素：第一，天下者太祖的天下，而太宗“久假不归”的企图，路人皆知，“逼死”德昭这重公案，尤为天下所不谅，廷美以此作为反太宗的理由，乃至在德昭的五子、德芳的三子中，择贤立而为帝，是有相当号召力的。

其次，关中外有山河环绕，内有泾渭交流，沃野千里，四塞险固，以之自守，则崤函之险，足拒强敌。以之用兵，则关洛地形，势同高屋，尤其是山西的北汉，新降不久，存有反覆之心，一旦有机可乘，渡河南下，则以汴梁四战之地，很不容易守得住。

第三，廷美获封为“秦王”，关中正是他的封邑。宋朝虽无就藩之例，但无论如何可以扯得上关系，在理论上取得一个恃潼关之险而王的根据。

果真有一天，势必追究责任，赵普的“察奸变”实为“制造奸变”，难逃刑诛；倘或秦王廷美采取比较和缓的办法，声言奸臣陷害亲贤，要入清君侧，则指名请诛的奸臣，第一个就是赵普。正因为这样，他对在西京的廷美，寝食难安，因而指使一个人出来诬告廷美。

这个人名叫李符，官居开封知府。他受了赵普的教唆，上书太宗，说廷美“不悔过、怨望，乞徙远郡，以防他变”。于是太宗下诏：“降廷美为涪陵县公，房州安置；妻楚国夫人张氏削国封。”宋初的叙封之制，公爵分为三等：国公、郡公、县公。县公的夫人封为郡夫人。房州即今湖北武当山西南的房县，秦代名为房陵，王翦灭赵，徙赵王于房陵；吕不韦获罪，全家亦徙于此。汉朝宗室大臣有罪的，亦往往徙房陵安置。房陵城极小，周围只有四里，但城墙高且厚，绕城的护城河宽而且深，完全是为了监禁重要罪犯，防逃逸或内外交通而设计的。

卢多逊与秦王交通，多少还有事实；说廷美在西京怨望，百分之百是诬告。赵普做了这件事，心又不安，所以又下辣手，这一次倒霉的是“猫脚爪”李符。

为了杀李符灭口，赵普找了李符的一个过错，把他贬官。当卢多逊发配时，李符曾向赵普建议，说崖州虽在海外，水土并不甚恶，不如改配春州，虽在内地，而向来发配到那里的，从未生还。这时赵普想到了他的话，正好“请君入瓮”，把李符贬到春州去当知州。春州者，今广东阳春市，在当时是有名的蛮瘴之区，为猺人所聚居。李符到了那里不久，果然一命呜呼！

与此同时，先后又死了两个人，一个是廷美的生母，也就是太宗的乳母，陈国夫人耿氏；一个是廷美，他死在雍熙元年正月，大概是移房州安置一年半以后的事，死因是“忧悸成疾”——说得明白些，是不知还有什么不测之祸在后面，活活吓死的，死时得年三十八岁。

赵普为太宗立此大功，所得到的是什么呢？什么也没有得到。他的“备位枢轴”，原是来办“察奸变”这件大事，“奸变”既已“察”出，廷美移置形同“牢城”的房州，大事已毕，没有理由再留在相位。太宗有他自己的一副班底，又怕赵普恃功揽权，形成挟制，搞出凶终隙末的结局，所以赵普在太平兴国八年十月罢相，拜为武胜军节度使，出镇邓州，即今河南南阳、邓州一带。自此往西南，由老河口渡汉水，不远就是房州，太宗把他派到这个地方去坐镇，不知是否有叫他继续“察奸变”的意思。但无疑，对廷美是益发加重了威胁和刺激，因而不出三个月就因“忧悸成疾”而死！说起来，廷美的一条命，不折不扣送在赵普手里。

当赵普罢相出镇，太宗还作了一首诗为他赠行。赵普老泪纵横，表示御赐的诗篇，将来要刻石与朽骨同葬。太宗为之动容，第二天对宰相李琪说：“赵普有功国家，而且是我的布衣之交，现在他精力衰迈，不宜再烦枢务，所以挑个好地方让他去安度余年。这番意思，我写在诗里面，他看了感极而泣，我亦好不心酸。”

李琪也说了赵普的反应：“昨天赵普到内阁，恭读御笔，向臣涕泣而言，说此生余年，无由报告天恩，只望来世，再效犬马之劳。此刻又蒙陛下如此宣谕，君臣始终之分，可谓两全。”由这番答语中看，太宗诗里的意思，不难想象。

太宗诗中的意思，我以为不出“矜全”两字。照这样说，岂非有功不赏，反有责备之意？不是！设计陷廷美于死，算为太宗立了大功，是旁人的看法。在太宗的感觉，是吃了个有苦难言的哑巴亏。

不错，太宗自德昭、德芳一死，确有不惜违母兄遗命，以皇位传子的打算。但是，他同时也希望政局稳定，如果他的藩邸旧人如柴禹锡之流，与秦王府的僚属，各为其主，展开党同伐异的冲突，绝非国家之福。所以他的用赵普来“察奸变”，是用他的资望、经验，主要的是老到的政治手腕，来消弭隐患于无形。要教廷美自甘退让，可以有圆满解决的办法，吕端劝他上书随扈亲征，就是一个现成的例子。再往远些看，面对跋扈的开国功臣，太祖尚且可以杯酒释他们的兵权，何况一个秦王廷美，既不典重兵，亦不摄国政，要解除他的储位，不必亦不可出之以急切的手段。

谁知赵普竟比躁进的功名之士还要鲁莽！一下子兴起大狱，干掉一个亲王、一个宰相。在当时，太宗是箭在弦上，不得不发，事后一定会失悔。他是个极精明的人，而且也来自民间，朝野之间，对于这一案会如何批评，他自然可以想象得到，这笔账，大家会记在他头上，变成“万方有罪，罪在朕躬”。而事实上呢，赵普是非如此不足以伸积怨于卢多逊，连太宗都成了他报私仇的工具。像赵普这种行径，如果遇见乾隆这样的皇帝，非把老命送掉不可。

于此可知，太宗完全是顾念他的开国功勋和布衣之交的情分，才赦免了他这个大过失，贬官出镇。而诗里有一点暗示也是可以确定的，就是从此不许他回京城。复按前文所叙，太宗与李琪的谈话，赵普向太宗和李琪的表示，自可明白，不必多谈。

这年赵普已六十二岁，在外面住了几年，适逢太宗行“亲耕耜田”的大典，赵普苦求入觐，太宗不念旧恶，答应了他。既到京城，又活动太宗的次子，已定储位的许王元僖为他进言，准他留在京城。适逢太宗要重用吕蒙正，顾虑他资望太浅，想找个重臣来虚领首相的衔名，于是赵普又得拜相。其后又派他镇西京，因为老病侵寻，缠绵病榻，数次上表方得回京，而他的病殁，相传是廷美索冤讨命所致。

赵普死前的异闻，宋人笔记中载有两事，都说他病重时，找道士为他设坛打醮，作禳解之计。打醮要拜表，上达“天”听，表文用朱笔写在青藤纸上，所以称为“青词”。道士去请问赵普，青词上写些什么。他有口难言，只好自己动笔。

写好以后，赵普亲手封好，嘱咐道士，不得打开，向空焚化。刚刚点燃，忽来一阵大风，把他的青词吹到了半空里，后来有人在汴京朱雀门外捡到。据说赵普是向天帝如此陈诉的：

情关母子，弟及自出于人谋；计协臣民，子贤难违乎天意。乃凭幽祟，遽逞强梁；瞰臣血气之衰，肆彼魇呵之厉。信周祝霾魂于鸠塑，何晋巫雪魄于雉经。倘合帝心，诛既不诬管蔡；幸原臣死，事堪永谢朱均。

玩味语气，他是把责任推在太宗身上。另有一说，同见于《乐善录》和《湘山野录》的作者文莹的另一部笔记《玉壶清话》中：

赵韩王久疾无生意，解所宝双鱼犀带，遣亲吏甄潜诣上清太平宫醮谢。道士姜道元为公叩幽都乞神，语神曰：“赵某开国勋臣，奈何冤累不可避？”姜又叩曰：“冤者为谁？”神以淡墨一巨牌示之，浓烟罩其上，但识牌末一“火”字而已。道元以告公，公曰：“我知之矣！必秦王廷美也。当时，自是渠与卢多逊遣堂吏赵白交通，事露速祸，咎岂在吾？”呜呼！一闻“火”字，即知必是秦王……

按：“美”字下半部作“火”，赵普一听便知，正见得心虚。但这两条记载，可信的成分不多。倒是《宋史》本传的最后一段，值得注意：赵普既死，他的夫人上奏太宗，说两个未嫁的女儿，愿意出家为尼。太宗再三相劝，赵普的那两个一名志愿、一名志英的女儿，志不可夺，太宗只好准许，并赐法名，志愿号为“智果大师”，志英号为“智圆大师”。

见于正史的记载，当然确有其事。问题在这里，堂堂相国千金，况当妙龄未嫁，何以忽有出世之想？这不用说，是为她们的父亲忏悔宿孽。于此可见，廷美确是毁在赵普手里，不但当时的舆论是如此认定，而且连他的家人亦持这样的看法。孔孟之道是王道，赵普以“半部《论语》治天下”，行的却是霸道，事不可解者有如此！

华阳教主

宋朝的帝系，太祖传弟太宗，太宗传子真宗，真宗传子仁宗；仁宗无子，传侄英宗；英宗四子，都为高皇后所生，长子就是神宗。

宋神宗用王安石变法，是中国政治史上的一件大事。变法不错，错在王安石是个政治学家，不是政治家，识人的眼光、容人的度量都不够。而宋朝的人才，经过五朝的培养，特别是仁宗临御的四十年，深仁厚泽，能使岩壑之士，甘效驰驱，所以到神宗朝，云蒸霞蔚，盛极一时。这些大儒名臣，博雅君子，以孔孟为心，黄老为用，所向往的是四海无事、雍容论道的文景之治，反对任何可以引起天下骚动、百姓怨嗟的更张。他们不赞成汉武帝，自然也反对桑弘羊和王莽，而王安石的那一套理想，大部分是桑弘羊和王莽的办法的翻版，因而遭遇到严重的阻力。

于是王安石找一班人来推行新政，而也有一班人想借新政出头。这种政治上的结合，一开始就先把新政的理想放在一边，而将势与利的考虑放在第一位，动机龌龊，必然失败。如果王安石是个政治家，找不到第一流的人才来执行他的计划，宁愿搁置以待时；而他却不考虑利害后果，只想试验一下他的“理想”，在锐意开展的神宗的支持之下，以顺我者生，逆我者亡的姿态，一味蛮干，因此而开奔竞幸进之门，遂使小人道长，奸佞得志。神宗朝以前的奸臣，大致只有真宗朝的一个丁谓；神宗朝以后的北宋奸臣，蔡确、邢恕、吕惠卿、章惇、曾布、蔡京兄弟，几乎无一不是直接间接为王安石所援引。昔人论王安石“贤而愎”，则应往好人里面排，但无用的好人，闯出祸来，往往不可收拾，如王安石就是。

神宗英年而崩。元丰七年秋宴，神宗忽然一手抽搐，把酒杯都打翻了，这是脑溢血的征象。起初并不严重，到了第二年正月才发作，二月崩逝，得年三十八岁。在这段时间，对于皇位的继承，本来应该没有问题，但奸臣作祟，忽有异闻，蔡确与邢恕密谋，准备在神宗的两个弟弟，岐王或嘉王中挑一个继承大统，以成拥立之功。

宣仁高太后也知道，太子年幼，而宋朝又有“兄终弟及”的前例在，则必有人拥立两王，以求富贵。她虽为妇人，却具大见识，因为她是仁宗曹皇后的外甥女，从小养在宫内，一方面习闻前朝宫闱之间夺权争宠的秘辛，另一方面亲见仁宗处置军国大事仁厚英明的作为，所以有很好的政治修养。廷美、德昭的前车不远，伦常巨祸都起于杜太后的遗命，倘若岐王或嘉王接承大统，朝中将从此多事，因此在亲子与嫡孙之间，她摆脱了感情的牵惹，以理智抉择，决定立孙而不立子。

在神宗病势沉重时，宰相问疾。请立皇太子，并请太后代替皇帝听政，神宗同意。于是从三月初一起，宣仁太后便开始垂帘听政。在储位未定以前，岐、嘉两王，每天进宫问安，目的当然是想探问口风；等储位一定，宣仁太后随即告诫两王，无事不准入宫。同时派人秘密准备了一件孩子穿的“黄褙子”，等神宗驾崩，太子就穿了这件“黄褙子”，在柩前即位，是为哲宗。

当时哲宗十岁，宣仁以太皇太后的身份，临朝听政。她对王安石的新政，深恶痛绝，除了新政本身的执行不善，形成苛扰以外，还有感情上的因素。明末张溥的一段话说得很好：

神宗在颍邸，特孝友好学，一即尊位，敬相求贤，励精三代。既倾心王安石，创行新法，彷徨民疾，惟恐不当。灵州永乐之役，临朝痛哭，寝食并废，竟忧悸疾崩。人君之不寿也，或以声色崩，或以逸游崩，或以饵金石、惑神怪崩，独神宗以想望太平求治不得而崩。

元丰四年征西夏，在潞州大败，毛病出在宣仁太后的叔叔高遵裕忌功失律。神宗午夜得报，绕榻环行，彻夜不寐，从此得了怔忡——心脏病，以三十八岁而崩。如果不是王安石行新政，神宗虽向往汉武帝的武功，亦不敢轻言远征，如是就可不死。宣仁太后以痛悼爱子的心情，推原论始，益恶新政，因而一当政就以“中旨”命令停止京畿的战备工作，停造兵器，禁止苛敛，同时把好些喜欢生事的太监，驱逐出宫。

其时司马光罢相以后，在洛阳闲居了十五年之久，接得神宗崩逝的哀诏，以元老身份奔国丧。他是保守派的领袖，声望极高。宣仁太后遣一名亲信宦官去问他，新天子即位，为政当以何者为先，司马光上了一道奏疏，认为当务之急，“莫若明下诏书，广开言路”，同时提出非常具体的建议，不问“有官无官之人”，知道朝政缺失、民间疾苦的，可以依据事实，“尽情极言”；自京城至地方，指定官员受理“实封”的诉状，不得阻挠，亦不得索取“副本”——这样做，是为了为上书者保守秘密，不受任何威胁。宣仁太后依言下诏后，陈诉新政缺点以及执行新政者种种不法情事的“实封状”，纷至沓来。执政的当道，颇为不安，想设法隔断民意，但没有成功。

经过这一段民意测验的时期，重臣司马光、吕公著相继拜相。看样子大政方针要修改了，于是新政派提倡一种论调，引“三年无改于父子之道谓之孝”的说法，认为新君嗣位，不宜遽改先帝之法。司马光提出反驳意见：“先帝之法，其善者虽百世不可变也。若王安石、吕惠卿所建，为天下害，若救之当如救焚拯溺。况太皇太后以母改子，非子改父也。”这段反驳，最有力的一句话是“以母改子”，一下把新政派的嘴封住了，浮议也就逐渐平息。

于是先罢兵农合一的保甲法，继罢为了平均田赋的方田法，再罢与民争利的市易法，又罢为官养马的保马法。这些方法可取而执行至为不善的苛政一去，民心大悦。于是第二年，也就是哲宗元祐元年的闰二月，保守派奏准宣仁太后，开始驱逐新政派，第一个被逐的是“尚书左仆射兼门下中书侍郎”、担当宰相之任的蔡确。

蔡确外号“倒悬蛤蜊”，是刘贡父开玩笑替他取的。蛤蜊在那时又叫“壳菜”，颠倒过来便成为蔡确的谐音。此人以阴险出名。接着又一个以狠毒出名的章惇被逐，然后是吕惠卿被逐，他依附王安石起家，后又背叛王安石，是无耻小人之尤。

吕惠卿由宰相被贬为建宁军节度副使，诏旨出于苏东坡的手笔。那时的东坡，正处平生从政最得意的一段时期，官衔是“中书舍人”，这个职位相当于“行政院”秘书长，为宰相的幕僚长，同时他又“知制诰”，此为宋朝独有的制度，可以说是皇帝及宰相的发言人，而又有些像清期的军机大臣。

吕惠卿贬斥，由苏东坡“草制”，申明所以被贬的缘故，使天下咸闻其事。进用的“宣麻”，斥逐的“草制”，朝野视为其人品格功过的论定，所以极其重视。苏东坡秉笔直书：

惠卿以斗筲之才，穿窬之智，谄事宰辅，同升庙堂，乐祸贪功，好兴喜杀，以聚敛为仁义，以法律为诗书，首建青苗，次行助役、均输之政，自同商贾，手实之祸，下及鸡豚。苟可蠹国害民，率皆攘臂称首。先皇帝求贤如不及，从善若转圜，始以帝尧之仁，姑试伯鲧；终焉孔子之圣，不信宰予。尚宽两观之诛，薄示三苗之窜。

这道制文一出，天下称快。在这一年中，“王安石、吕惠卿所建新法，划革略尽”，而司马光感激驰驱，鞠躬尽瘁，亦在这年九月病殁。当他不分昼夜，躬亲庶务时，门下宾客都劝他节劳，引诸葛亮“食少事烦”的话为戒。司马光说死生有命，不听。病重的那几天，喃喃而言，都是国家大事。死后检得他生前写好的“遗表”，尽皆当世要务，不及于私。司马光的谋国之忠，自不可及，但亦由于宋神宗以前诸帝，待读书人都极厚，此是所谓“养士之报”。

之后三四年，老成凋谢，范镇、吕公著相继病殁，吕大防、范纯仁拜相。吕大防淳朴耿直，不植党羽；范纯仁是范仲淹的儿子，博大宽厚，宣仁太后信之不疑，凡有引进，莫非正人。新政派屡次展开争夺政权的行动，但有苏辙等人的坚持正论，屹立不摇，所以宣仁太后当政的九年，被称为“元祐之治”，在历史上媲美于“文景”“贞观”“开元”之治。

哲宗即位时十岁，年龄渐长，有件大事要办，就是立后。这件大事由宣仁太后一手主持，先物色世家淑女一百多人入宫，由太皇太后及哲宗的嫡母向太后亲自挑选，挑中了马军都虞侯孟元之的孙女。孟氏比哲宗小一岁，养在宫中，教以女仪，到了元祐七年四月，哲宗十七岁时大婚。立后大典，十分隆重，宣仁太后特命礼官，参酌古礼，拟定“六礼仪制”，以宰相吕大防为“六礼使”，纳采问名、纳吉、纳成、告期、发册、奉迎，皆简大臣皇亲，充任专使。

哲宗在四月间册立皇后，大婚在一个月以后，选定的日期是五月十六。用此日为吉期，曾在宫内引起争议：宋朝的皇室，迷信道家，道家以五月十六为“天地合日”，钦天监的官员，认为皇帝与皇后好比一天一地，因而特选此日。但在民间，这一天夫妇应该分床，倘若违犯，有性命之忧，自然更没有选用这一天为婚期的。哲宗的生母朱太妃，相信这个禁忌，提出反对；哲宗自己也有些将信将疑。可是宣仁太后的看法不同，她认为这不过是民间的传说，并无根据，主张维持原议。结果，当然是以老太后的懿旨为意旨。

大婚以后，哲宗对皇后的感情，可以说是敬多于爱。孟后十分贤淑，而且位居中宫，应为六宫的表率，所以少年夫妇画眉调笑的闺房之乐，在哲宗是享受不到的。他原来就喜欢一个姓刘的婕妤，大概在十四岁时，就有了极深的感情，此时相形之下，越发觉得明艳慧黠冠后宫的刘婕妤可人意了。

这样过了一年多，宣仁太后一病不起。病中，宰相吕大防、范纯仁等人，到寝宫问疾。宣仁太后垂帘召见，特别叮嘱，说神宗生前，对于行新政，颇为失悔，这一点应该让哲宗知道。又说，她死后，一定有人会鼓动哲宗恢复新政，千万不可听从。同时又劝这批老臣告退，让年轻的皇帝自己用一班人。这是宣仁太后很了不起的地方，她已预见到没有她的主持于上，被罢黜的那批奸臣，一定会卷土重来，而这些年高德劭的老臣，会受他们的荼毒。同时，她也预料到她的孙子哲宗，会改变她所定下的制度政策。之后事实证明，果不其然！

宣仁太后崩于元祐八年九月。十月间，哲宗亲政，第一件事，就是把宣仁太后所斥逐出宫的十名内侍召回复职。群臣交章谏劝，哲宗采取表面敷衍的态度。“一叶落而知天下秋”，范纯仁记起宣仁太后的话，上书请求辞职；苏东坡那时为“端明殿侍读学士”，也请求调补外官，出京的时候，竟不能见哲宗面辞。及至吕大防以“山陵使”出都去经营宣仁太后的陵寝，新政派的反扑行动，随即开始，由一个名叫杨畏的御史，上疏“言神宗更法立制，以垂万世，乞赐讲求，以成继述之道”。

于是哲宗召见杨畏，垂询当年的新政设施。这一番造膝密奏，改变了历史——北宋的文臣，书都读得很好，但保守派的那些老成君子，或则刚毅木讷，拙于言辞；或则谦退恬淡，不喜争论；或则心存厚道，不为已甚，因此与奸臣的争夺，极其吃力。相反，奸臣俟机反扑，往往如排山倒海之胜，因为他们有引经据典的学问，口若悬河的辩才，慷慨激昂的表情，才足以济其恶，极富于煽动力。王安石就是只见其才，不见其恶，才上了他们的当。不仅王安石，一时贤俊硕彦，也有误认其人的，如杨畏，就颇为吕大防和苏东坡的老弟苏子由所赏识，可是吕大防一出都门，杨畏就抽他的后腿。王安石所赏识提携的新政流，大多是这样的奸诈小人。

以哲宗的少不更事，遇到奸猾的杨畏的慷慨陈词，自然动了心，当时便问：“先朝故臣，有哪些可以召用的？”杨畏便开了一张名单，加上考语，复奏御前。那时蔡确已死，所以第一名是章惇，杨畏请求复召他为相，哲宗“嘉纳”，复拜章惇为资政殿学士。此外还有安焘、吕惠卿、邓润甫、王安中、李清臣等，都是宣仁太后垂帘时所斥逐的人。其时保守派的大臣，死的死，走的走，消极的消极，所以任令小人横行，反倒是第二级的官员，持坚决反对的态度，如代东坡为中书舍人的姚勔就不肯草拟复召吕惠卿的敕旨。但是，这些反对力量，在新政派全面猛袭之下，实在微不足道。

元祐九年四月改元，年号定为“绍圣”，“圣”指神宗，“绍”者克绍箕裘，所以用“绍圣”这个年号，清清楚楚地表明了哲宗亲政以后的意向，是要继续神宗的遗志，复行新政。

在此以前，考试进士，由李清臣拟“策问”题，大意是说，近年来尽改新政，而各方面未见进步，原因何在？显然，以天子的口气“策问”，作此措辞，是否定了宣仁的元祐之治，为复行新政铺路。因此苏辙上表谏劝，引用汉武“外事四夷，内兴宫室，民不堪命，几至大乱”，以及昭帝“委任霍光，罢去烦苛，汉室乃定”的故事，说“陛下若轻变九年已行之事，擢任累岁不用之人，怀私愤而以先帝为词，大势去矣！”哲宗览奏大怒，苏辙被贬，出任外官。不久，范纯仁不安于位，范镇的儿子范祖禹被新政派所中伤，元祐正人，一时殆尽，而蔡京、蔡卞兄弟进用，国事越发不可为了。

蔡卞是王安石的女婿，奉命为“国史修撰”，这给了他一个篡改历史的好机会。正史的项目，一贯为“纪、传、表、志”四大部门。皇帝的传记称为纪，皇后、皇子以及臣下的传记称为传，这是正史中最重要的两部门。但在本朝，关于皇帝的记载，生前有“起居注”，崩后根据“起居注”修“实录”；易代以后取前朝实录加以简化便成为“纪”，因此，“实录”是论定某一个皇帝一生事迹功过最重要的根据。

《神宗实录》在元祐年间由范祖禹主修，“尽书王安石之过，以明先帝之圣”，这是修实录的规矩，先朝之失，一定要找个人来顶罪，而写此顶罪之人，有曲笔，有隐笔，保存真相于字里行间，以待后世史家去发掘。通常实录既经“钦定”，即成定本。为了某一种政治原因，加以部分的修改，容有其事，而拿整部实录推翻，从头再写，则是绝无仅有的事。

蔡卞就开了这样一个恶例。他上奏哲宗，说“先帝盛德大业，卓然出千古之上，而实录所纪，类疑似不根，乞重行刊定”。哲宗允许了他的请求。

于是经过一番密议之后，由朝廷下旨自江宁府王防家取王安石的日记。王安石晚年退居江宁钟山，命他的侄子王防保管日记，临死以前，吩咐将他的日记烧掉。王防烧了别的书，把日记的原本保留了下来，此时奉旨进呈，蔡卞便根据所谓《荆公日录》来重写《神宗实录》。

据《邵氏闻见录》载，蔡卞“假日录减落事实，文致奸伪，上则侮薄神宗，下则诬毁旧臣，尽改元祐所修神宗正史”。按：元朝脱脱丞相修《宋史》，据宋国史改写而成，并且《宋史》伪杂谬误，也是史家所公认的，然则如今所传宋神宗与王安石君臣的关系，恐亦还有细加考证的余地。

蔡卞对老丈人的“孝心”，实在可嘉。王安石后来被追封为“舒王”，配享文庙，位居“亚圣”孟子之上，与颜子相对，就是蔡卞一手促成的。王安石纵贤，何至能高于孟子？因此，当时不但士论大表不满，连民间亦为之齿冷。宋人笔记中有个挖苦蔡卞与王安石的笑话，颇为有趣。

这个故事是说内廷御宴，教坊的优伶演杂剧，剧中的角色一共六个人，孔子、孟子、颜回、王安石，还有孔子的大弟子即脾气刚强的子路和孔子的女婿公冶长。

一开始时，是孔子上坐；孟子、颜回、王安石侍立在旁。孔子吩咐弟子就座，王安石便谦让孟子。孟子不肯，他说：“我不过是个公爵，相公贵为真王，何必谦光？”在宋朝，孟子被追封为邹国公，而王安石是“舒王”，王爵大于公爵，所以孟子这样谦让。

于是王安石又向颜回拱手，请他上坐。颜回也不肯，他说：“我是陋巷匹夫，平生无分毫事业，相公是名世真儒，我怎么比得上？你太客气了。”

王安石一听这话居之不疑，就坐在侧位的首席。孔子这时不安于位了，要请王安石正坐。王安石十分惶恐，连称“不敢”，而孔子让之不已，拖拖拉拉，看样子孔子真个要逊位了。

这时在堂下的子路，愤愤不平，到里面把公冶长拉了出来。公冶长嗫嚅着问道："我犯了什么错？"

"你！"子路指着他的老师和王安石说，"你老丈人在受窘，你怎么不去救他？你看看别人家的女婿！"这最后一句话，就是指王安石和蔡卞而言。

此是徽宗那一朝的话，我再回到哲宗绍圣年间来。绍圣三年九月，出了一件大事：孟后被废！事起于刘婕妤恃宠而骄，她与孟后朝拜悬挂历朝帝后画像的景灵宫，礼成休息，孟后就座，嫔御侍立，只有刘婕妤不愿，一个人背对孟后，立在帘子下面，孟后有个宫女叫陈迎儿，看不顺眼，大声嚷道："走开！"刘婕妤依然不理，因此中宫的宫女，都为孟后不平。

到了冬至那天，后妃到隆祐宫去给向太后贺節。等待太后出临受贺时，皇后坐一张朱红金饰的交椅，刘婕妤也要，于是有人替她去换了一张，仪制与皇后相等。孟后的宫女越发气愤，悄悄商议了一下，决心要出刘婕妤的洋相。

"皇太后驾到！"外面一路传唱进来，后妃自然起立迎接——这是故意骗刘婕妤，等她一起身，陈迎儿她们随即把那张金交椅移开。等复坐时，刘婕妤摔了个大跟斗。受了这番捉弄，刘婕妤羞愤交加，连朝贺太后也顾不得了，哭着回到了自己宫里。

她自然要向皇帝哭诉，但哲宗并未能给她满意的安慰，因为皇后的宫女虽无礼，而刘婕妤实在是咎由自取，如果依法办理，陈迎儿等人固可问罪，她亦不能宽免大不敬的罪名。加以哲宗对孟后是完全谅解的，因而只劝他的宠妃息事宁人。

这一来使得刘婕妤越发感到委屈，哭泣不已。她宫里有个掌权的太监，名叫郝随，这时便半开导半劝慰地向她说：“你用不着这么气苦！只要为皇上早早生了儿子，怕坐不上那张金交椅？”这意思是说，刘婕妤如果生了儿子，便有被立为皇后的希望，那当然可以坐皇后专用的金交椅了。

孟后犹在，郝随何以敢说这话？其中有个阴谋，郝随已经受了章惇的笼络，并有了成议，准备设法废孟后。孟后一废，中宫缺位，刘婕妤当然是最有力的候补者。

章惇想废孟后，倒不是因为他与孟后有什么仇恨，而是牺牲她来打击宣仁太后。其时朝中的保守派，也就是辅佐宣仁太后臻“元祐之治”的那班功臣，死的死，贬的贬，少数留在朝中的也抱着君子明哲保身的态度，遇事沉默。章惇之流，本已可以为所欲为，但不行，因为还有宣仁太后那个偶像在那里，这个偶像打不倒，翻案文章便做不圆满。孟后为宣仁所立，当时大婚仪典，隆重异常，若能废掉孟后，自足以成为对宣仁太后生前的威信与身后的遗爱的沉重打击。

这样过了大约半年，孟后的女儿福庆公主病了。孟后的一个行六的姐姐懂得医道，孟后有一次病得很厉害，就是她姐姐为她治好的，因而常常出入宫禁。她看见小公主病了，便开了一张方子，抓了药来服，却不见效。那时郝随掌管御药房，其间是不是做了什么手脚，颇费猜疑。

投药不效，另请御医来诊治，也就没事了。坏在孟后的姐姐，热心过度，且又不识禁宫忌讳，取了民间道家治病的符水来给福庆公主用。宫女取呈孟后，她大惊失色，问明来源，便告诉她姐姐说：“六姐，你不明白宫里的规矩，与外面大不相同，这些东西是不能拿到宫里来的。”

于是孟后把她六姐送来的那道符，命宫女好好封存，等哲宗来看女儿的病，她把符取了出来，说明这件事的经过。

哲宗对孟后一向信任尊重，不认为这是一件什么很严重的事，他说：“此亦人之常情。”有这样开明的态度，孟后自然感到欣慰，就当着哲宗的面，把她姐姐送来的那道符一火而焚之。

事情应该是过去了，可是日夜窥伺，无时无刻不在找下手机会的郝随，对于孟后的谨慎胆小，过度紧张，却是别有会心。他在宫里散布谣言，说孟后得她的娘家人的支援，在施行魇法。

所谓“魇”者，是用左道旁门的妖术，置人于非命。相传的花样甚多，譬如泥水木匠盖房子，此家主人得罪了工匠，或者工匠为主人的仇家所教唆，在某一处砖瓦梁柱之下，放下纸马的魇物，则此人家将会遭到极其悲惨的命运。习闻的一种说法是，剪一纸人，将被魇者的“八字”写在上面，然后念咒，用针刺，到了相当时期，就可致被魇者于死。《红楼梦》中，赵姨娘与马道婆密议，算计凤姐与宝玉，搞的就是这套花样。在现代看，这是荒诞不经、不值一谈的事，但在千百年以前，特别是宋朝，上自宫廷，下至市井，几无不深信图谶、五行、星命、堪舆之说，所以郝随所散播的谣言，很快就发生了作用。

这话传到孟后及其左右亲信耳中，自然大起惊慌，得要设法解消。可是，舍正途不由——能像孟后当初那样坦诚解释符的由来，或许可以邀得哲宗的谅解，结果因方法错误，反弄成无私有弊，有口难辩了。

《宋史·孟后传》叙此事：“后即醮符于帝前。宫禁相传，魇魅之端作矣！未几后养母听宣夫人燕氏、尼法端与供奉官王坚，为后祷祠事闻。”这孟后的养母燕氏，应该是个女道士，“听宣夫人”当是她的封号，此时怎来一道一尼？要看宋人笔记，才知原委：

禁内帝后及两宫，各有尼并女冠各一人，选诸外内寺，年三十以上，能法事者，充随本殿内人居处。每早轮一尼一道于佛阁前，导上烧香，又导下殿烧天香，又导至殿门，候上视乃退。（《涧泉日记》）

这一尼一道，为皇后的侍从，魇法的谣言一出，正是她们该想办法的时候。尼道的办法，无非拜佛求神，所以有祷祠之举，而恰好授人口实。

这件事一发作，连哲宗也怀疑了，下令命掌管宫城禁卫的“皇城司”查办。于是郝随和章惇从中煽动指使，大捕孟后左右的太监宫女，几达三十人之多，用种种残酷的刑法拷问，断手折足，甚至割掉舌头，禁宫深处竟成人间地狱。

经过这一番惨无人道的压迫，章惇和郝随获得了他们所需要的“真相”，当然是在孟后“主使”之下，“确有”魇魅情事。可是，皇城司并无司法上的审判权，为了在形式上有所交代，奏准派御史台的副长官“侍御史”董敦逸去录问罪犯。

董敦逸到了那里一看，吓坏了，因为所有被认为有罪的太监、宫女，都已被拷打得非复人形，奄奄一息。他秉笔迟疑，觉得无从录起。郝随便加以威胁，董敦逸很勉强地复录皇城司所取得的口供，复奏交差。

孟后既然“有罪”，当然不能再母仪天下，但哲宗认为孟后贤淑，心有不忍，而章惇却不断怂恿催促。立后与废后不算皇帝的家务，宰相有权过问，因此哲宗感到难以应付。就在他迟疑不决、左右为难的那几日，有人提起当年“天地合日”的大婚之期，说是倘不废后，必将夭死，哲宗一听这话，有危及性命之虞，说不得只好狠下心来，下诏废后。

废后的处置，有仁宗郭皇后的前例在。当时郭后被废，诏封为“玉京冲妙仙师”，赐名“清悟”，居长乐宫，以后又出居瑶华宫。孟后被废，照此办理，赐号“华阳教主”“玉清妙静仙师”，赐法名“冲真”，妙年国母，一下成了女道士。

诏下之日，天气极坏，在董敦逸看，便是愁云惨雾。原来心中就不安，此时又见“天象示儆”，越发害怕，于是上奏说道：“中宫之废，事有所因，情有可察。诏下之日，天为之阴翳，是天不欲废后也；人为之流涕，是人不欲废后也。”又说：“臣尝复录狱事，恐得罪天下后世。”哲宗看了这道奏章，颇为生气，要贬董敦逸的官。枢密使曾布表示反对，说本来因为皇城司无司法权，所以叫董敦逸去录问，现在为此事贬斥录问官，何以取信中外？哲宗想想这话不错，也就算了。

除孟后被废以外，三名主犯，各有不同的罪状：第一个是在中宫承办庶务的供奉官，太监王坚，他以家藏的一种名为“雷公式”的符箓，交付法端作法。又以来自南方的枫木，刻成木偶，藏在枣子下面，秘密携入宫内。如果想咒魇什么人，或者希望得到什么，向此木偶祷告，就可如愿以偿。

其次是尼姑法端，为刻制木偶的共犯，又教王坚搜求所谓“驴驹媚”“蛇雾”“叩头虫”等媚药，献进孟后，带到皇帝的寝殿——罪状只是如此。这些媚药，皇后是不是真的带到寝殿，曾否使用，发生了什么效用？因为牵涉帝后房帏间事，不便查问。其实，以孟后的身份、性格，不可能出此下策。

再一个是孟后的养母，女道士听宣夫人燕氏，她的罪状最多：第一，皇帝到孟后宫中时，燕氏画了一道符，符上是“欢喜”二字，烧符成灰，放在茶里面，进奉皇帝，但皇帝没有喝这一杯茶；第二，烧符和入水中，洒在皇帝的御路上，这样，皇帝就会常常到中宫来；第三，命王坚画了刘婕妤的像，用大钉钉在心上，希望刘婕妤得心病而死；第四，曾企图以生肺病，死在五月里的宫女的尸体，烧成灰放在刘婕妤的床上，希望她也生这种病而死；第五，从七家人的家中，取针各一，烧符成灰，一起放在刘妃宫中，作为咒魇。

这些鬼花样，统通没有发生效验。以现代的眼光看，不论有无其事，不见效验，理所当然，但在当时，就不免令人怀疑。对于王坚、法端、燕氏的处斩，以及陈迎儿的杖脊逐出，在民间引起了什么反应，无从考查，只知道孟后被废，获得了广大的同情，赢得了许多人的眼泪。

孟后出家，像仁宗郭后一样，迁居瑶华宫。这个道观在开封西北，金水河边，是个相当热闹的地方，小贩很多。那时开封卖食物的小贩，极讲究叫卖声，措辞要奇特新颖，能够引人注意。有个卖馓子的小贩，别出心裁，把担子歇下，不吆喝他所卖的是什么，只长叹一声：“唉，吃亏就吃亏了我噢！”意思是主顾都占了便宜，只有他亏了本。这话在别处说犹可，在瑶华宫前，听来就刺耳了。开封府当他成心捣乱，抓去一问，确无别情，打了一百板子，警告他不准再这样“太息大言”。但从此他在瑶华宫前的生意特别好，这可以视作间接同情孟后的一种表示。

由于孟后被废，章惇之流，气焰越发嚣张，元祐旧臣，包括苏东坡兄弟在内，几乎无不被贬，流放到当时被认为蛮瘴之地的岭南。七十老翁的吕大防、范纯仁等人，亦不能幸免。而章惇意犹未足，建议派人赴岭南，考察被贬诸臣的言行。哲宗知道他的用意，正色宣示：“我遵祖宗遗志，不杀大臣，不必有所举动。”这是绍圣年间，哲宗所做的唯一一件差强人意的事。

不但活着的保守派受章惇的荼毒，已死的他也不放过，司马光尤为章惇所切齿，嗾使他的党羽奏言：“司马光者倡为奸谋，诋毁先帝，变更法度，罪恶至深。当时凶党，虽已死及告老，亦宜薄示惩责。”于是司马光被追贬为“清远军节度副使”。

又有一个蔡卞的党羽建议，要把司马光所著的《资治通鉴》的原版毁掉。这部书是中国史学上的名著，嘉惠士林，贡献极大。为了救这部书，其时的正人君子还不敢公然表示反对，怕越是正面发言，越遭奸党之所忌，所以想出了这迂回侧击的办法。太常博士陈瓘正当考官，他引用神宗御制的“资治通鉴序”制成策问题，考试士子。策问题照例用皇帝发问的语气，既然皇帝都引用此书的内容，如何可以销毁禁止？这才算保全了司马光一生心血所寄的这部巨著。

这是绍圣三年到四年间的事，那时刘婕妤已进封为妃。她日夜想望的是正位中宫。皇天不负苦心人，下一年元符元年的冬天，刘妃怀了孕。她已有两个女儿，希望生一个儿子，果如所愿，元符二年七月生子。这也是哲宗好几年的希望，自然喜不可言，因而在这年九月，将刘妃立为皇后。

照常理说，刘妃为皇帝生了儿子，有功于社稷，册立为后，也不算过分，但孟后被废，出于刘妃争宠。而在仁宗朝也有类似的情事，仁宗所宠信的尚美人，也像刘妃那样，恃宠而骄，有一次当着仁宗的面，对郭皇后出言不逊。郭后大怒，伸手一掌，结果没有打着尚美人，却打在劝架的仁宗身上，她的长指甲，把仁宗的颈项间划出一条血痕。

仁宗震怒，废掉郭后，使其出居瑶华宫。但他的处置很公平，把尚美人也斥逐出宫，同样成了女道士。另外选聘开国名将曹彬的孙女儿，立为皇后。

郭皇后出居瑶华宫后，仁宗余情未断，颇为想念，经常派人去看她，有所赏赐。贵为天子而有故剑之情，自不便明言，所以托之歌咏，每每填一首词给郭后看。郭后亦通翰墨，步韵和答，词意凄婉。仁宗感动之下，越发失悔，有一次秘密派人到瑶华宫，要复召郭后进宫。

郭后也是个心气高傲的人，她答复得好：“官家若再见召，须百官立班受册方可。”这时曹后已立，自然没有废曹后而重新册立郭后之理，仁宗想收覆水的心愿，到底不曾达成。

哲宗也仿佛那样，虽无复召孟后入宫之意，但对废后一事，负疚甚深，经常喃喃自语：“章惇坏我名节！”也是因为这个，自绍圣三年九月孟后被废到元符二年七月刘妃生子为止，这将近三年之间，一直未提立刘妃为后之事，直到诞下皇子，哲宗才下了决心，要把宠妾扶正。

诏令一下，有个叫邹浩的御史上疏谏阻，引用仁宗废郭后同时斥逐尚美人，以及立后不选于妃嫔，而另选于贵族淑媛的故事，说这是“示公”和“远嫌”，足为“天下万世法”。孟后的被废，亦由于刘妃争宠，其事相类，应遵祖宗成例办理。

这道奏疏，措辞颇为质直，哲宗虽变色动容，但并无责罪邹浩的意思。可是章惇怎能容得他如此，以“狂妄”的罪名，把邹浩停职充军。

刘妃立为皇后，是在九月间。这年有闰九月，大不幸之事发生了，生下来才三个月，取名为“茂”的皇子夭折！这一下，对哲宗是个致命的打击。

自宣仁太后崩逝，至此六年，这六年工夫中，哲宗种下了断送北宋的恶因。由于那时奸臣的把持，无所不至，所以宋国史中关于哲宗的记载，不尽不实，但蛛丝马迹，处处显示哲宗在以后的两三年，内疚神明，外惭清议，内心异常痛苦。章惇坏他的“名节”，最严重的还不在废后，而是教唆他诬害祖母，背上了大不孝的罪名。

宣仁太后大公无私，有“女中尧舜”的美誉，但垂帘亲政的那段期间，可能管束哲宗极严，而且国家大事，丝毫不准哲宗干预，这对一个十七八岁，自以为已经成人，而渴望处处有所表现的少年来说，压抑过甚，会引起极深的反感。

反感激出反动，则凡有所为，不由理智，此与明神宗的对张居正情事相类。章惇、邢恕、蔡卞等人勾结郝随，蛊惑哲宗，诬害宣仁，所造的谣言是说宣仁太后曾经想废掉哲宗，司马光、吕大防等与宣仁太后的内侍陈衍都曾参与“密谋”。为了“证实”，把宣仁太后在日，管事的内侍张士良下狱，由蔡京审问，他把各种刑具陈设在堂下，公然威胁：“说有那么一回事，马上放你，否则就受刑！”

张士良不肯诬服，仰天大哭，说“太皇太后可诬，天地神祇不可欺”，自请处死。蔡京无计可施，便上了一奏折，诬赖陈衍“疏隔两宫”，大逆不道。哲宗不知道这话是真是假，颇感困惑。

于是章惇一不做，二不休，亲自拟了一道诏旨，深夜送进宫内，请哲宗认可颁发。

这道诏书之荒唐，空前绝后，是要哲宗废他的祖母宣仁太后为庶人。那时向太后已经归寝，听得这个消息，起身赶到哲宗那里，干预其事，哲宗便把诏书放在蜡烛火上烧掉了。郝随看到这情形，第二天悄悄告诉了章惇、蔡卞，他们另具一道疏状，面奏哲宗。哲宗大怒，将疏状扔在地上，责问这两个人：“你们是不是不要我进英宗的庙？”哲宗果真听了章惇、蔡卞的话，成为大悖人伦的罪人，非但不能进他祖父英宗的庙，后世的“历代皇帝庙”，也一定要把他的神主剔除。

对祖母的不孝，斥逐元祐正人，废掉贤淑的皇后，这三件事为哲宗以后所痛悔不安。他精神上唯一的慰藉是生了一个儿子，继统有人，可以告慰于社稷臣民，而这个儿子却不幸夭折，等于折断了他精神上的支柱。这样到了第二年，也就是元符三年的正月，哲宗抑郁成病——他生的什么病，史书不载，只知道病势一起便很沉重，到了第八天上，已入弥留状态，大赦天下，豁免田赋，这些都是为皇帝祈福的措施，但一无效果，下一天驾崩，得年二十四岁。

中国历史上最可惜、作孽作得最莫名其妙的，就是这个皇帝。哲宗的天资不坏，元祐之后，很可能成为一个太平天子，只以一念之误，受了奸臣的挟制，自己送命不说，还断送了北宋的天下。他不死，徽宗不立；徽宗不立，北宋不亡。

哲宗驾崩，向太后召集大臣，商量皇位的继承问题。向太后本人无子，所以她的选择，并无爱憎的定见。章惇很武断地主张立哲宗的同母弟简王，向太后认为都是庶子，不必如此区分。

于是章惇又说："如以长幼而论，申王居长，当立。"申王眼睛有毛病，仪表上望之不似人君，向太后又不赞成。再轮下来，就该端王了，章惇认为端王轻佻，不可以君临天下。

这时曾巩的堂弟曾布说话了，他大声抢着对向太后说："章惇未曾与臣商议。皇太后的圣论，极其得当。"一言而决，也算成了拥立之功。

端王是神宗的第十一子。宋朝的规矩，皇子称为"大王"，这位"十一大王"诚如章惇所说，秉性"轻佻"，完全是纨绔子弟的派头。他生在端午那天，有个十分古老的传说，五月初五生的人，不吉利。神宗为了破除这个忌讳，为他取名为"佶"，拆开来便是"吉人"二字。就此时来说，得承大统，自是吉人。这个相传为李后主转世的皇帝，便是徽宗。

新君即位，哲宗的刘后不能尊为太后，因为她是新君的嫂子，所以尊为"元符皇后"，表示她是在元符年间所立。徽宗作此尊称时，可能已想到他的另一位嫂子，在瑶华宫的"华阳教主"。到了五月间，由于太后的主张，孟后复位，尊称为"元祐皇后"，表示是在元祐年间所立。既复后位，自然不能再住道观，便迁还大内。

徽宗即位之初，颇有一番新气象，蔡卞、章惇，先后被罢免；司马光、文彦博等三十三人，追复原官。到了十一月商议明年改元的年号，为了调和元祐与绍圣的争执，徽宗采取中立的态度，自谓"欲以大公至正，消释朋党”，所以年号定为“建中靖国”，而实际上是邪正杂进。徽宗的“大公至正”，其实是一种乡愿态度。

徽宗年间，频频改定年号，由“建中靖国”，一改为“崇宁”，再改为“大观”，三改为“政和”。这时住在崇恩宫的刘后，由于徽宗颇加尊礼，因而干预朝局，且有“不谨”的传闻，徽宗便与宰相商议，想把她废掉。消息一传，郝随和她左右的那些人大起恐慌。

皇后与太子的立废，是国家头等大事，以一般情形来说，非犯了极重大的过失，不会被废，而皇后与太子的犯过失，又必因她或他左右的人未尽职责所致，所以在被废的同时，往往另索追究责任。如果是太子，则东宫的属官，乃至太子的“师傅”，被认为辅佐不善，会得到很重的处分。如果是皇后，则要察究过失的由来，处治她周围的内侍、宫女，如孟后被废，王坚等被诛，陈迎儿等被逐，就是现成的一个例子。

因此，刘后如果被废，则其“干预外事”与“不谨”两项过失，一定会根究经过，郝随自是首当其冲。事实上确是非经郝随的教唆和媒介，刘后也无法干预外事，这不是小过失，而况还有“不谨”的丑闻，所以一旦废刘后的诏令宣布，郝随就算死定了。

郝随为了保全自己以及他这个集团的安全，就只好牺牲刘后，逼迫她用帐钩刺喉自杀，时年三十五岁，正是那守寡十年，易于“不谨”的年龄。

在此之前，孟后的“元祐皇后”还没当多久，郝随又暗示蔡京，第二次打击她。蔡京指使他手下的一班爪牙，上书说当初建议复后的韩忠彦等人，“信一布衣狂言，复已废之后，以掠虚美，望断以大义”。蔡京与当时的执政，自然都支持这个说法，于是徽宗出尔反尔，诏令孟后复居瑶华宫，加赐“希微元通知和妙静仙师”的法号。哪知这第二次的被废，真所谓“塞翁失马，焉知非福”，后来让孟后得了绝大的益处。

孟后二次出宫不久，瑶华宫失火；迁居延宁宫，延宁宫又失火。一再如此，不免可怪。更可怪的是，京城里道观极多，竟未再为她另行安置，这位“华阳教主”，就只好搬回相国寺前的娘家去住了。

到了宣和七年冬天，金将粘没罕、斡离不分道入寇，以“三十六计，走为上计”出名的童太尉童贯，从太原逃回，金兵长驱直入。太常少卿李纲，举唐朝安禄山谋反，玄宗入蜀，肃宗即位灵武，人心振奋，得平大乱的故事，认为非传位太子，“不足以招徕天下豪杰”。门下侍郎吴敏据以入奏，徽宗因而禅位太子，是为钦宗。

钦宗即位后，与近臣商议，又要给孟后复位，尊为“元祐太后”，诏书未下，金兵已攻陷开封，徽宗的遭遇极惨。

当时有兵有饷，徒以和战不定，坐失大计。最荒唐的莫过于迷信图谶，寻访一个名叫郭京的人，说是可以破敌。禁军中果有其人，于是拜将练兵。练的是何等样的兵，请看《宋史纪事本末》所说：

好事者言京能施六甲法，可以生擒金二将而扫荡无余，其法用七千七百七十人。朝廷深信不疑，命以官，赐金帛数万，自募兵。无问技艺能否，但择年命合六甲者，所得皆市井游惰，旬日而足。虏攻益急，京谈笑自如，云：择日出兵三百，可致太平。

其时金兵围攻汴京甚急，大家都催郭京出战，他推三阻四，拖到无话可说时，只好出战。

郭京尽令守御人下城，毋得窃窥，因启宣化门，出攻金师。京与张叔夜坐城楼上。金兵分四翼鼓噪而前，京兵败，退走，堕死于护城河，填尸皆满，城门急闭，京白叔夜曰：须自下作法。因下城，引余兵南遁。

郭京一逃，金兵自然乘机登城，守军崩溃，敌军破南薰门而入，全城大乱，汴京沦陷。

沦陷以后又议和，这次和谈出于金将军粘没罕、斡离不的建议。因为城中守将宣言，要跟金兵巷战，而粘没罕、斡离不受命侵宋的最大目标，是劫取宋宫的宝藏，倘或巷战，则玉石俱焚，并无所得，所以金兵愿意退出城外议和，这就是“谈谈打打，打打谈谈”这个战略的由来。

汴京沦陷是靖康元年十一月，利用和谈的机会，粘没罕派遣汉奸萧庆入城，盘踞尚书省，接收大内宝藏，同时提出要求，索金一千万锭，帛一千万匹；又索骡马，连御厩中的名马都给了他们；再要少女一千五百人，宫嫔不肯出宫，多投水而死。

除了搜括以外，金二将另一个目标是将徽钦二帝和诸王宗室、后妃宫女，掳回国内，软骗硬逼的结果，终得如愿以偿。二帝及皇室宫眷被俘者达三千人之多；而大内的一切文物宝藏，以及天下府州县图，还有在宫廷当差的巧手名匠，一起被带走，送到燕京。由金而元，而明，而清，直到现在，故宫博物院北宋以前的大部分收藏，都经历过这样一番血泪斑斑的沧桑！

金兵劫持宋朝皇室，凡是有名号的，无不在内，独有孟后以被废之故，得以幸免。在金兵北回以前，已立汉奸张邦昌为帝——汉奸的种类甚多，有大汉奸、小汉奸、真汉奸、假汉奸、丧心病狂的汉奸、犹存天良的汉奸之分。张邦昌是个犹存天良的汉奸，加上“假汉奸、真忠臣”的吕好问，又幸而在汴梁百姓纷纷南下逃难之际，孟后依然留在京城，于是才有南宋一百五十年的天下。

张邦昌原是钦宗派到金营议和的专使，而金兵要别立异姓为中原之主，用意在斩断宋祚。张邦昌被选中，无非看他是个软骨虫，留金营日久，有了感情，把无用的大宋江山，做顺水人情送了他而已。至于宋朝的臣子，立张邦昌为帝，也有两派：一派是真的拥立，想取富贵，但这一派实在并无信心，以为张邦昌真的会奄有天下，因为宋朝在南方的军队还多得很，对付张邦昌这样的汉奸，绰绰有余。另一派是借此为退兵之计，以吕好问为领袖。张邦昌既立，伪号“大楚”，由于天良未泯，内心不安，拜官都加一“权”字，以吕好问“权领门下省”，是为宰相之任。吕好问行文仍称“靖康二年”，而且在他未“拜相”以前，采过张邦昌的真意。

他称张邦昌为“相公”，问道：“相公真的想自立为帝，还是敷衍金兵？”

“你问这话什么意思？”

“相公知道不知道民心所向？”吕好问说，“大家所怕的不过是金兵，等金兵一退，不会像现在这样子没有表示。而且大元帅在外，元祐皇太后在京，这是天意存宋。相公不如早日还政，可以转祸为福。”所谓“大元帅”是指在相州的康王，徽宗第九子，名构。“元祐皇太后”即指孟后。

于是张邦昌以吕好问“权领门下省”，这就表示他愿意接纳吕好问的建议。此外吕好问又劝他守人臣之礼，不必入居大内，皇帝的法眼车驾，只在接见敌人时才用来摆一摆样子，所下文书不要称圣旨，不用卫士站班，不可“山呼”，先朝宫人不可相见。有一次有人劝张邦昌御殿，吕好问便责问：“相公真的要做了？”张邦昌瞿然而止。凡此皆为他天良未泯的证据，千载以下，我辈有义务为他洗刷一下。

四月甲子日，张邦昌仿宋太祖登位待后周太后的故事，尊已废的孟后为宋太后，派人奉迎，入居延福宫，垂帘听政，然后由太后派人立康王为帝。这是吕好问一手的安排，为宋朝存亡绝续的一大关键，孤臣孽子之心，令人低回。而宋朝的忠臣，后世只称文天祥、谢枋得、陆秀夫，却不知“元祐子弟”的吕好问。这与志在恢复中原的韩侂胄入《宋史·奸臣传》，而史弥远得逃恶名，都是受了道学家的影响，令人遗憾与不平。

当时的康王，逗留在河南山东一带，离开封不远。在半年以前，金将斡离不要求钦宗派一个亲王到真定军中去议和，康王奉使，到得磁州地方，太守宗泽，劝康王中止，当地的百姓也留住他，并且杀掉了伴行的汉奸王云。于是朝中有个御史上言：“康王奉使至磁，为士民所留，乃天意也。乞就拜为大元帅，率天下兵入援。”所谓“就拜”者，就其所在之地而拜为大元帅，因为其时开封已经被围，无法令康王入京拜命。

钦宗接纳了这个建议，拟了一道诏书，封入蜡丸，招募“死士”秦仔等四人，深夜由城墙上放下一只篮子，把他们送到城外。秦仔到了相州，即今河南安阳地方，从束在头顶上的发中取出蜡丸，剖出诏书，康王哽咽拜读，在相州开大元帅府，负起统辖天下兵马，破敌收京，援救父兄的重任。

那时他手下虽只有一万兵，但宗泽以二千人力战破金兵三十余万，而且民心士气皆可用。谁知康王天性凉薄，且有观望待变之意，因此宗泽与金人十三战皆捷，劝康王移各路兵马会师京城，而康王竟听信小人，反而往东移至济州，即今山东济宁，坐视父兄为敌所掳。二帝不还，于此可以先知。明末张溥论其事说：

康王构，徽宗第九子，史言其生东京大内，赤光照室。又云：朗悟强记，日诵书千余言，挽弓石五斗。帝王之姿，或有天命，然观其出使金军，应对无闻，为虏所轻。承诏开府，逍遥自全，京城坐陷。……构独拥兵居外，乘危履尊……

“逍遥自全”和“乘危履尊”这两句话，确是诛心之论。

到了四月间，元祐太后派遣“奉迎使”与康王的舅舅韦渊，携带国玺，到相州请康王继承大统。宗泽建议在南京即位——此南京不是现在的南京。宋初定“四京”，东京开封，西京西安，北京河北大名，南京是河南商丘。五代时南京称为宋州，又称归德，宋太祖本来是后周的“归德军节度使”，所以即位后定国号为“宋”。真宗景德年间，因宋州为发祥之地，升格为“府”，定名“应天”，以后又建为“南京”。宗泽建议在此即位，因其为发祥地是原因之一；原因之二：应天府交通极便，北去黄河只三十里，漕运容易，关系更大。按：现在的黄河，非宋朝的黄河。自周定王五年到清咸丰五年，黄河河道有六次大变迁。黄河的本性，应由北海入海。而宋朝为防辽金利用黄河南侵，所以治河一贯的方针，是拗过它的尾巴来，向东入淮。咸丰五年铜瓦厢决口，夺大清河入海，归德才离黄河远了。

康王于五月初一即位，是为高宗。在应天府筑坛受命，向北痛哭，遥谢二帝，改这一年——靖康二年为建炎元年。元祐太后遣吕好问以“手书”慰问高宗，这篇“手书”不知是否出于吕好问的手笔，文章写得很婉转，开头为已退居“太宰”的张邦昌开脱：“众恐中原之无主，姑令旧弼以临朝，虽义形于色，而以死为辞。然事迫于危，而菲权莫济。内以拯黔首将亡之命，外以纾邻国见逼之威。遂成九庙之安，坐免一城之酷。”后世凡有“维持会”的组织，所出的第一张布告，大致都师其意。

接着谈到她自己：“久以衰癃之质，起于闲废之中，迎置宫闱，进加位号，举钦圣已还之典，成靖康欲复之心。”这是指钦宗曾有复立她为元祐皇太后的意思，而体会他“欲复之心”，则等于监国摄政，以安排继统大事，则名正言顺，于是：“久眷贤王，越居近服，已徇群情之请，俾膺神器之归，由康邸之旧藩，嗣宋朝之大统。”固然无不言宣，可惜，“汉家之厄十世，宜光武之中兴；献公之子九人，惟重耳之尚在”，把高宗比作汉光武帝和晋文公，实在是太恭维了他。而高宗以后的苟安自保，置二帝于脑后，不但对不起父兄，也对不起他这位贤德的伯母。

至此为止，高宗与他的这位贤德伯母，尚未识面，因为一个自居藩邸，一个起于“衰癃”——这年，孟后五十一岁——本来身份判若云泥，而人事沧桑，贱以立贵，高宗自然有一份无可言喻的“孺慕”。

但是高宗一即位，表面重用李纲、宗泽这一文一武，实际上听信黄潜善、汪伯彦，而此二人又是奸臣！所以，不但无还都之意，而且有避敌之心。当他把孟后迎至应天府不久，随即又派人将她护送到扬州，宗泽苦谏不听。十月间，高宗也到了这二分明月的繁华之地。

自此高宗开始了一连串流亡颠沛的生活。他的本意是找一个能够苟安的地方，离金兵要有相当的距离。无奈胡骑南下，追踪而至，粘没罕陷徐州，入淮阳，取淮东，下泗州，高宗仓皇由瓜洲渡江，那时“左右丞相”黄潜善、汪伯彦还在镇江金山寺听佛法，相顾惊愕，急急策马南驰。金将马五率轻骑直薄扬州，听说高宗南行，追了下来。行在百官，纷纷走避，主管宗庙祀典的太常寺少卿季陵，奉九庙神主逃出坡外，急迫间把太祖的那块神主遗落在乱哄哄的大路上。而扬州大火，杜牧之笔下的旖旎风光，付之一炬。到孝宗淳熙年间，依然荒凉，且看姜白石的描写：

扬州慢（并序）

淳熙丙申至日，余过维扬，夜雪初霁，荠麦弥望。入其城，则四顾萧条，寒水自碧。暮色渐起，戍角悲吟。予怀怆然，感慨今昔，因自度此曲。千岩老人以为有《黍离》之悲也。

淮左名都，竹西佳处，解鞍少驻初程。过春风十里，尽荠麦青青。自胡马窥江去后，废池乔木，犹厌言兵。渐黄昏，清角吹寒，都在空城。

杜郎俊赏，算如今重到须惊。纵豆蔻词工，青楼梦好，难赋深情。二十四桥仍在，波心荡，冷月无声。念桥边红叶，年年知为谁生？

所谓“犹厌言兵”，这话在孝宗时不知确否，而在建炎年间，“厌言兵”者，只是没出息的高宗和那一班奸臣，依当时的士气民心，并非如此！

以后高宗由镇江到杭州，再到江宁，复回杭州，渡江到越州，一路逃难到此，备受逼迫，终于忍无可忍了。

其时为建炎三年十月，高宗有一篇诏谕，在号召勤王之余，有乞怜于敌之意。此别具一格的辱国文献，不能不忍泪一读：

国家近遭金人侵逼，无岁无兵。朕纂承以来，深轸念虑，谓父兄在难，而吾民未抚，不欲使之陷于锋镝，故包羞忍耻，为退避之谋，冀其逞志而归，稍得休息。自南京移淮甸，自淮甸移建康，而会稽播迁之远，极于海隅。卑词厚礼，使介相望，以至愿去尊称，甘心贬屈；请用正朔，比于藩臣，遣使哀祈，无不曲尽。假使金石无情，亦当少动，累年卑屈，卒未见从，生民嗷嗷，何时宁息？今诸路之兵，聚于江浙之间，朕不惮亲行，据其要害。如金人尚容朕为汝兵民之主，则朕于事大之体，敢有不恭？或必用兵，窥我行在，倾我宗室，涂炭生灵，竭取东南金帛子女，则朕亦何爱一身，不临阵以践前言，以保群生？朕已取十一月二十日移跸前去浙西，为迎敌计，惟我将士人民，念国家涵养之恩，二圣拘縻之辱，悼杀戮残焚之祸，与其束手待毙，曷若并计合谋，同心戮力，奋励而行，以存国家。

这篇诏令，不知出自何人的手笔，实可与黎元洪的秘书长饶汉祥，后先辉映。照此诏令中看，明明是高宗自己对金人愿尽婢妾之道，何苦扯上“嗷嗷生民”？如说臣民辱国之外有君王“辱民”之说，则翻遍历史，怕只有一个赵构。

下诏的第三天，高宗“移跸前去浙西”，到了钱清镇，有御史力谏，“以为众寡不敌，不若为避狄之计”，于是高宗复回越州，由宁波出海，逃到温州。第二年四月，再回到越州，不久，把越州升为“绍兴府”，第二年改元，亦称“绍兴”。绍者继承，兴者兴旺，高宗是死心塌地只求偏安了。

在这段扰攘不安的日子里，孟后一直在江西避难，至是，由高宗迎回绍兴。孟后饱经沧桑，以泪洗面的日子亘卅年，暮年复登尊位，于国破家亡之际，抚今忆昔，哀戚倍增！平生抑郁屈辱，皆寄望于高宗的奋起。日夕所盼者，收复神京，破颜一笑，庶乎可敌数十年凄凉岁月，而高宗如此！孟后岂复有生趣？被迎至绍兴后的第八个月，孟后郁郁以终。

明宫大喋血发秘

《明史·后妃传》太祖的这一部分，列后一、妃三。马皇后崩于洪武十五年，其时太祖已五十五岁，自无册立继后之理，因于马皇后除服后，以李淑妃摄六宫事；李淑妃薨，以郭宁妃摄六宫事。郭宁妃两兄，一名郭子兴，封巩昌侯；一名郭英，封武定侯。武定侯郭，是明朝外戚第一家。

当马皇后在日，妃嫔中地位最高的是孙贵妃，薨于洪武七年。《后妃传》中，太祖部分的后一、妃三，即此而已。但由《诸王传》中可知太祖的妃嫔，至少还有胡充妃、达定妃、郭惠妃、胡顺妃、韩妃、余妃、杨妃、周妃、赵贵妃、李贤妃、刘惠妃、葛丽妃、郜氏等，独无碽妃之名。其实，照母以子贵为例，碽妃应被追尊为皇后，只以成祖贪位，竟至灭母。此亦明朝一大疑案，至清初修明史时，犹未有定论，直到清末由于一部禁书的刊行，方能祛五百年之惑。

明成祖《永乐实录》记："高皇后生五子，长懿文太子标、次秦愍王樉、次晋恭王棡、次上（按：指成祖，初封燕王）、次周定王橚。"藏于内府，叙天潢贵胄的"玉牒"，亦是如此记载，所以《明史稿例议》否定了潘柽章的《国史考异》之说。

潘柽章，吴江人，生于明思宗崇祯元年，殁于康熙二年，得年三十六岁。明亡时他只有十七岁，而以遗民自居，所以称明朝的史实为“国史”。其中有一条说：“南京太常寺所载孝陵神位，左一位淑妃李氏，生懿文太子、秦愍王、晋恭王；右一位碽妃，生成祖文皇帝。”但潘柽章未亲见神主，同时实录、玉牒及其他官书，均记成祖为马皇后所出，因而《明史稿例议》中，力辟潘柽章之说为妄，而其实不妄。

孟森先生《明史讲义》：

明初名教，嫡长之分甚尊，懿文太子以长子得立，既死则应立嫡孙，故建文之嗣，为一定之理。燕王既篡，无以表示应得国之道，乃自称己为马皇后所生，与太子及秦、晋二王为同母。时太子及秦、晋皆已故，则己为嫡长，伦序无以易之矣。

这段话对成祖所以冒称嫡出的理由，已说得很明白。因此，永乐中将建文朝所修的《太祖实录》改修了两次，就是为了要删除成祖庶出的一切有关文字。而有趣的是，清初根据前朝公私记载修明史，经过爬剔整理，找到两个漏洞，叙入列传之中，殊足耐人寻味。一个漏洞在《成穆孙贵妃传》中，一个漏洞在《黄子澄传》中，都是由周王庶出，间接证明成祖庶出。

先引《明史·黄子澄传》：

（建文帝）命子澄兼翰林学士，与齐泰同参国政，谓曰：“先生忆昔东角门之言乎？”子澄顿首曰：“不敢忘！”退而与泰（按：兵部尚书齐泰）谋。泰欲先图燕，子澄曰：“不然，周、齐、湘、代、岷诸王，在先帝时，尚多不法，削之有名。今欲问罪，宜先周。周王，燕之母弟，削周，是剪燕手足也。”

照三段论法，此第一段证明燕王与周王同母。第二段见于《成穆孙贵妃传》：

洪武七年九月薨，年三十有二。帝以妃无子，命周王橚行慈母服三年，东宫诸王皆期（按：期服一年），敕儒臣作《孝慈录》。庶子为生母服三年，众子为庶母期，自妃始。

于此可知周王为庶子。那就很明白了，燕王与周王同母，周王庶出，所以燕王亦是庶出。

不但燕王为庶出，明太祖似乎根本无嫡出之子，这一点，历来史家似均不曾谈过，我亦不敢轻率考定，只能请读者注意潘柽章的《国史考异》，即前引一条：“左一位淑妃李氏，生懿文太子、秦愍王、晋恭王；右一位碽妃，生成祖文皇帝。”已说得很清楚。按：“孝陵神位”，设于建文朝，如照太祖生前后妃的位分，则“左一位”应该是成穆孙贵妃，而竟为李淑妃，此自是建文帝追尊祖母的孝心，既按此原则，则右一位便不能不尊碽妃。

于此可以作一大胆的假设，马皇后终身无出，懿文太子、秦王、晋王号为嫡出者，不过马后抚以为子而已。当太祖起兵时，将士眷属皆为集体生活，由马后主持。而李淑妃当是卒伍之女，年轻生子，不善抚育，以马后之贤，一定会毅然代尽母职，而李淑妃常侍前方帐中，携子而往，亦非所宜，所以所生之子，一直在马后膝下。及至太祖得天下，一方面为将来着想，有嫡出之子嗣承大统，在名义上比较堂皇；一方面为眼前着想，不忍道破真相，显示马后无子。

太祖在称王以前，生子女甚多，男子之母，尚可稽考；女儿之母，则竟不知所详。试以《公主传》参证，太祖十六女，序次为：

临安公主，不载母名。

宁国公主，记为“孝慈皇后生”。

崇宁公主，不载母名。

安庆公主，记为“宁国主母妹”。如是，则安庆公主亦为马皇后所出，何不直书孝慈皇后生？

疑问不仅于此，就宁国公主而论，至少还有这些含糊不清或不太可能的疑义：

一，《明史·公主传》说宁国公主薨于宣德九年，得年七十一岁，依此推算，则应生于洪武七年。

二，马皇后崩于洪武十一年，享年五十一岁。如宁国公主果为马皇后所出，则应在四十七岁分娩。更年期的皇后生子，在历史上未之前闻。而在宁国公主之后，复生安庆公主，就更不可能了。

三，《公主传》说宁国公主于洪武十一年下嫁驸马梅殷。其时公主仅五岁，如何嫁法？若非订婚的记载之误，则公主的生年必有误。

我引录上文，并略作推论，是要说明一点：当明太祖未得天下以前，子女的出生年月以及名分，固看得甚轻。但既得天下，又未可随意更正，将错就错，无人敢于深问。所以成祖自以为嫡出，可以骗得天下人，因为本来就是一本糊涂账。

孟森先生《明代史》：

清末乃有李清之《三垣笔记》刊版，盖以前谓为禁书，只有李氏子孙所藏钞本；后禁网渐松，然仍删节印行，至近年则更有足本出矣。《三垣笔记》中言北都破后，弘光复都南京，乃发旧太庙，碽妃神主具在，均如《南太常志》所云。

按：“《南太常志》所云”，即前引潘柽章的《国史考异》所叙。《明代史》又云：

由此始悟明北京太庙，一帝止有一后，继后及列帝生母皆不配享，殆即成祖迁都定此制，以便抹杀生母，不留痕迹。夫因欲冒应嗣之名，而至没其所生之母，皆成祖之贪位而忍心害理者。

《三垣笔记》自为有力的证据，其实不待清末的足本出，已有强有力的证据在。明末张岱的《陶庵梦忆》，有“钟山”一则，记其瞻仰明太祖孝陵的飨堂的经过，记配享妃嫔共四十六位，右一位即是碽妃，此为张岱亲见，绝不致误，可惜孟先生未能注意及此。

碽妃死于何时已不可考，所堪论定者，当成祖在藩时，碽妃已死，并且早已下葬。《鸿猷录》卷七，记“颠士”其人：

尝启成祖曰：“城西某所有地，贵不可言！殿下岂有可葬者乎？”成祖怪其言不祥，曰：“无之。”颠士曰：“殿下乳母何在？”曰：“死藁葬矣！”颠士曰：“亟改葬是。是当有征。”成祖从之，今所称“圣夫人墓”是也。

碽妃死于哪一年，已不可考。当成祖即位后，不闻有尊礼先朝妃嫔之说，但明太祖陵寝享堂，显然在永乐年间做过一番安排，重定位分。《陶庵梦忆》所记，很值得参考：

壬午（按崇祯十五年）七月，朱兆宣簿太常，中元祭期，岱观之。飨殿深穆，暖阁去殿三尺，黄龙幔幔之。列二交椅，褥以黄锦孔雀翎，织正面龙，甚华重。席地以毡，走其上必去舄轻趾，稍咳，内侍叱曰：“莫惊驾！”近阁下一座，稍前为碽妃，是成祖生母。成祖生，孝慈皇后妊为己子，事甚秘。再下，东西列四十六席……

于此可知，太祖妃嫔共四十七人，而碽妃近阁独设一座，此为成祖追尊所生的唯一表示。

碽是姓，此字《辞海》不收，《大汉和辞典》有此字，姑红切，则仍音如贡，注释有二。《集韵》：“碽，击石声。”又《字汇补》：“碽，姓也。”但除却碽妃，别无姓碽的人可考。碽妃的一切，后世几无所悉，只知道她是朝鲜人。元朝的达官，多用朝鲜女侍，以意测度，当是太祖部将夺自元朝大官而进献的。按：成祖生于元帝至正二十年，则合理的猜测，碽妃当是至正十九年归于太祖帐下。

这年在太祖创业的过程中，是很重要的一年，方国珍投降就在这一年。因方之投降，太祖乃遣千户王时往方国珍处，附海舟至元都，侦察元朝的政情，以及察罕帖木儿所部军马的情形，为准备北伐中原的先声。

陈友谅称“汉王”亦在这一年，因其势力强，而且地盘在湖广江西一带，太祖亦无暇计及。此时明朝的开国名将胡大海、常遇春、李文忠等人，都集中在江、浙一带，主要的敌人是张士诚。

张士诚是江苏泰州人，盐场的经纪人出身，至正十三年五月，以十八人起兵，五六年之间，北有淮海，南据浙西，由盛而衰，即在这一年。《明史纪事本末》“太祖平吴”篇：

（至正）十九年二月，张士诚兵寇江阴，艨艟蔽江，伪将苏日佥者，建牙君山，指画为进攻状。守将吴良下令曰：“彼众我寡，当以计破之。勿轻动。”有顷，敌阵于江壖，命弟桢，整兵北门，当其西北面，以十余骑蹂之，擒其卒数人，贼党莫敢前。贼分兵欲攻东门，良遣元帅王子明驰击之，擒其将士五百人，杀溺死者甚众，贼大败。

江阴为江防要塞，张士诚的水师从此受到限制，为平吴的一个关键。

傅斯年在《明成祖生母记疑》一文中说：

太祖席郭氏之业，转战江淮，所夷剪元代之官吏必多，则虏其妻女以为姬妾，本起兵草泽者，必有之事。

我认为这说法虽近乎“想当然耳”，而实与事实相近。

韩国在当时自称“朝鲜”，中国则称之为“高丽”，有部记元朝末年风尚的书，名为《庚申外史》。记高丽女子谓：

祁宫（庚申帝次后祁氏，高丽人），亦多蓄高丽美人。大臣有权者，辄以此女送之。京师达官贵人，必得高丽女，然后为名家。高丽婉媚，善事人，至则多夺宠。自至正以来，宫中给事使令，大半为高丽女，以故四方衣服靴帽器物皆依高丽样子。此关系一时风气，岂偶然哉！

碽妃是高丽人，确凿无疑，亦有说她是色目人或蒙古人的，皆非事实。而说她是蒙古人，且为元顺帝之妃，尤为荒诞不经，但此说在燕京自明初流传到清初，与建文出亡的传说相始终，可知此说在贬斥成祖，其来有自。

清初有部很有名的笔记，叫作《广阳杂记》，作者刘献廷，入清朝国史的《文苑传》，所记明末清初的史实，翔实生动。清修明史，多采其说，但记成祖的生母，可信的成分不多，引录如下：

明成祖非马后子也，其母瓮氏，蒙古人。以其为元顺帝之妃，故隐其事。宫中别有庙，藏神主，世世祀之，不关宗伯，有司礼太监为彭恭庵言之。余少每闻燕之故老为此说，今始信焉。

在蒙古，亦有同样的传说，说元顺帝的“第三福晋”，怀孕七月，为“洪武汗”所纳，越三岁生一子，是岁戊申（按：洪武元年戊申）。“朱洪武降旨曰：‘从前我汗曾有大恩于我，此乃伊子也！其恩应报，可为我子，尔等勿以为非。’遂养为己子，与洪福晋所生之子朱代，共二子。”又说，朱洪武在位三十年，崩后由朱代嗣位，在位四个月十八天即崩，无子，“其蒙古福晋所生子，于己卯年（按：惠帝建文元年己卯）三十二岁即位，在位二十二年卒，年五十岁。

这段出于《蒙古源流》的记载，前言不符后语，如说“蒙古福晋所生子”三十二岁即位，在位二十二年，则享年应为五十四，何以说是五十？即此一端，可知不值一驳。所当研究的，倒是这个荒唐传说的起因。

成祖为庚申帝——元顺帝亲子的传说，是庚申帝为宋德祐帝亲子这个传说的翻版。但两个传说的真假大不相同，后者可信的程度，至少有百分之五十，前者则是可笑的。

宋恭帝名赵㬎，度宗之子，在位一年，年号德祐，降元后封瀛国公，他是庚申帝真父的传说，有两种不同的说法。《庚申外史》：

国初，宋江南归附时，瀛国公，幼君也。入都，自愿为僧白塔寺中，已而奉诏居甘州山寺。有赵王者，因嬉游至其寺，怜国公年老且孤，留一回回女子与之。延祐七年，女子有娠，四月十六日夜，生一男子。明宗适自北方来，早行，见其寺上有龙文王采气，即物色得之，乃瀛国公所居室也。因问："子之所居，得无有重宝乎？"瀛国公曰："无有。"固问之，则曰："今早五更后，舍下生一男子耳。"明宗大喜，因求为子，并其母载以归。

又一说见谈迁《国榷》：

宋帝㬎降元，封瀛国公，俾尚公主。后因侍宴有奇怪之征，忌之，遣学佛法于帝师，遂居漠北。其后明宗逃居沙漠行帐，适与瀛国公相近，缔好甚密。一夕，明宗方寝，闻瀛国公帐中有笙镛声，问其故，乃婴儿始生而啼也。知其非常人，遂乞归，养为子，妥懽帖睦尔是也。闽人余应有诗纪之，见何乔新、郑晓所载。又瀛国公薙发号"合尊大师"。终嫌死。

按：元朝的世系，明宗在位一年，弟文宗得位，在位五年，无子；传明宗次子，是为宁宗，在位一年，七岁崩；兄终弟及，即为顺帝。是则明宗求瀛国公子为子时，原已有子。

又《庚申外史》记：

尚书高保歌奏言："昔文宗制治天下，有曰：'我明宗在北之时，谓陛下素非其子。'"帝闻之大怒，立命撤去文宗神主于太庙，并问当时草诏者为何人?

是则，元朝宫廷，固有此说，非民间好事的谰言可比。因此元顺帝为宋德裕帝亲子的传说，在元末明初，流传甚盛。宫闱事秘，莫可详证，但事在有无之间，传说不能成立，亦不能推翻。

至于成祖为元朝后裔一说，只要举几个旁证，就可攻破。傅斯年先生有一段分析，极为精辟。

傅斯年提出这样四点理由，决其为“无稽之谈无疑”：

以明太祖之雄才阴狠，如燕王所出来历不明，独肯封于最大之藩、最重之都，胜国之旧京，假以重兵乎？一也。

成祖妻，中山女也（按：徐达封中山王）。中山为明太祖第一功臣，其女所配，宜不及乎螟蛉贱种，二也。

终洪武之世，北边未靖，故北边诸藩，皆节制军权。洪武末年，燕王所膺尤重，及帝不豫时，犹以燕、谷、辽、宁诸护卫归燕王节制，三也。

且明人传说：高皇帝尝以燕王善战似己，欲废皇太孙而立之，率以人心归附太孙而罢。此言纵不实，然终洪武之世，不闻太祖与燕王间有破绽，且屡命之出塞讨虏，继徐达以镇北平，宿将如傅友德等，皆归其节制，四也。

至此，我们必须研究两个传说所产生的心理背景。蒙古人主中原，色目番僧，任意荼毒，人心思汉，因此说元顺帝为宋帝之后，正表示百姓不忍宋祚之终。至于说成祖为元帝之后，则为丑化成祖，傅斯年对此所做的解释，极为合理。

明太祖自洪武十三年胡惟庸谋反一案以后，严刑峻法，杀戮甚多。世人唯有寄望于皇太孙，即以后的建文帝，他浸淫儒术，天下归心。虽误于齐泰、黄子澄而失位，而民间追思不忘，更以同情弱者的心理，自然而然不满于成祖。

如果能够采取宽大的手段，自然可以修正百姓对他的印象，谁知成祖善战似父，好杀亦似父，靖难之变，至灭方孝孺的十族，草菅人命到如此，几无人性。因此，终明之世，在士大夫心目中，皆以建文为正，成祖为篡，“则士人凭感情之驱率，画依样之葫芦”，不足为奇。

当然，传说之产生，以及传说虽无稽而偏为人所相信，主要的原因，亦在成祖之母，本非汉姓。官史忽略成祖的生母，是讳；野史说他为元孽，则是诬。史学家有这样一个定论：“官史失之讳，野史失之诬。”关于成祖生母的传说，正好为这个定论作了铁板注脚。

由于成祖有一半高丽血统，所以他对高丽及高丽女子的感情特殊，不足为奇。高丽亦或许因为有外甥当大明天子之故，所以终明之世，忠顺不二。

成祖喜爱高丽女子，还有一个极重要的原因。成祖从小随母而居，习于高丽的生活方式，特别是饮食方面。譬如泡菜，是每餐必不可少之物，而他人仿制，总不如高丽人自制来得道地。此后权妃的得宠，以及巡幸必从，主要就因为唯有她照料成祖的饮食起居，能“惟意所适”之故。

明成祖朝鲜选妃，第一次是在永乐六年四月，特派太监黄俨等到汉城，宣谕圣旨："恁去朝鲜国和国王说：有生得好的女子，选拣几名将来。"其时李朝的皇帝名叫李芳远，磕头答复："敢不尽心承命。"于是在汉城及各道府州郡县，选拣文武并军民家女子，一共选中了五名，年龄最大的十八岁，最小的十四岁，与以后宫廷大喋血有关的是这两个人：

权氏：嘉善大夫工曹典书权执中女，十八岁。

吕氏：宣略将军忠佐侍卫司中领护军吕贵真女，十六岁。

选美之事，到十一月完成。当时的安排是，各女的父或兄，随同到中国，另带从者女使十六人，火者十二人。所谓"火者"，就是厨子。为了遮人耳目，李芳远是以进纸为名，高丽笺是有名的，这一次进了"纯白厚纸六千张"，以"艺文馆大提学"李文和为"进献使"，文和的侄女儿，就是所进五美之一。

名为"美人"，其实不美的居多，因为万里迢迢，远适异邦，而此去与家人亲友，可说永无相见之日，所以真正德容并茂的大家闺秀，多设法规避，只好降格以求。《朝鲜太宗李芳远实录》有记：

是行也，其父母亲戚哭声载路，吉昌君权近为赋诗云："九重思窈窕，万里选娉婷，翟茀行迢处，鲲岑渐杳冥；辞亲语难决，忍泪拭还零，惆怅相离处，群山入梦青。"

这"五美"，后来据成祖自己说："胖的胖，麻的麻，矮的矮，都不甚好，只是看在你国王敬重的上头，封妃的封妃，封美人的封美人，封昭容的封昭容，都封了也！”按：《明成祖实录》永乐七年二月己卯记：

册立张氏为贵妃，权氏为贤妃，任氏为顺妃；命王氏为昭容，李氏为昭仪，吕氏为婕妤，崔氏为美人。

其中除张、王以外，其余五人，正是上年选自高丽的女子。同时伴同到京的五美的父兄，亦各授官职，官位最高的是权妃的哥哥权永均（《明史》作权妃之父，误），当了光禄寺正卿，因为权妃是“胖、麻、矮”中的鸡群之鹤。

关于权妃的资料，并不算少，但各家所记，或有参差，兹排比疏注如下：

（永乐七年）四月甲申，谢恩使李良佑、副使闵汝翼回自京师，良佑等言：“二月初九日，帝幸北京，本国所进处女权氏，被召先入，封显仁妃。其兄永均除光禄寺卿，秩三品，赐彩缎六十四、彩绢三百匹、锦十匹、黄金二锭、白银十锭、马五匹、鞍二面、衣二袭、钞三千张。”（《李芳远实录》）

按：永乐即位，诏改北平为北京。国都仍在南京，称为京师，但其时成祖已决定迁都。第一步移各省富民实北京，发流罪以下囚垦北京田；第二步自永乐四年开始营建北京宫殿及城垣。当高丽女子到北京时，成祖仍在南京，第二年二月壬午发京师北巡，三月壬戌至北京，是年四月朔为癸丑，以次上推，则二月壬午，恰为初九，三月壬戌约为三月十九，故知前记“二月初九帝幸北京”，系指启驾日期而言。

权妃的封号为贤妃，册封日期在二月初六，当成祖在南京启驾以前。所以，在北京的朝鲜使臣，因为消息阻隔，不知其正式封号，此云封“显仁妃”。显仁当系原燕王府中一处宫殿的名称，移贤妃住此，因误会为封作“显仁妃”。

除权永均外，任、李、吕、崔四女的父兄，均授为四品官，赏赐亦相同。推测当时的情况是，高丽五女到北京，立即奏报在南京的成祖，只说权氏如何出色，其余四人的容貌，不过品评次第，比较而言。所以成祖特封权氏为贤妃，其余虽封等有差，而推恩亲族及赏赐则相同，不过一律以庸脂俗粉视之。倘或早就发现“胖的胖，麻的麻，矮的矮”，便可能不会有这样的恩赏。

《明史・权妃传》：

恭献贤妃权氏，朝鲜人，永乐时期朝鲜贡女充掖庭，妃与焉。资质秾粹，善吹玉箫，帝爱怜之。

此记信而有征，宁献王朱权的《宫词》中有两首，即记其事：

忽闻天外玉箫声，花下听来独自行，三十六宫秋一色，不知何处月偏明？

鱿鱼窗冷夜迢迢，海峤云飞月色遥，宫漏已沉参倒影，美人犹自学吹箫。

按：宁王此时早已自大宁徙封南昌，因为有人告他“巫蛊诽谤”，事虽无验，颇自韬晦。“构精庐一区，鼓琴读书其间”，前引《宫词》，当系根据听闻而作，他本人并未到过北京。“花下听来独自行”不是指他自己，否则，即凭这二首诗，便可兴起大狱。

宣德年间有个女官王司彩，她所写的《宫词》中，有一首亦记此事：

琼花移入大明宫，旎旎浓香韵晚风，赢得君王留步辇，玉箫嘹亮月明中。

以这首词参证宁王的《宫词》，则知“花下听来独自行”，正指成祖。“三十六宫秋一色”，何以权妃独承恩宠，正缘玉箫指引；在权妃或者对月思乡，寄情箫管，不承望发生了“羊车”的作用。当然，被宠亦自有故。成祖在临死那年，犹不忘权妃，曾对朝鲜使臣说：

老王（按：指李芳远）以至诚事我，至于干鱼，无不进献；今小王（按：指李祹）不以至诚事我，前日，求老王所使火者，乃别求他官以送。朕老矣！食饮无味，若苏鱼、紫蟹、醢文鱼须将来进。权妃生时，凡进膳之物，惟意所适；死后，凡进膳、造酒，若浣衣等事，皆不适意。

由这一段记载，可知成祖的私生活是彻底高丽化了的：

第一，要求“老王”的御厨（火者）替他掌膳。

第二，非韩国的土产，食不甘味。

第三，“若浣衣等事”亦非如权妃者不能适意。

成祖待权妃的家属甚厚，而且爱屋及乌，对其余的“陪臣”亦有优渥的待遇，照当时的情意稠叠来看，谁也想不到会有以后暴虐的大残杀。据《李芳远实录》：

（永乐七年）闰四月乙丑，进献使者李文和及权永均等回自京师。帝待永均特厚，引入内殿，谓曰：“除汝崇班，欲令近侍，然尔妹在此，尔亦不还，老母当有不豫事情矣。命尔还国，往谨乃心，恭事国王。尔不闻古事欤？毋以怠荒，累及朕躬。”及永均朝辞，帝谓之曰：“你再来时，休从海上过，你那里来的使臣，教他旱路上来。”

一则虑及权家老母，倚闾之望；再则又虑及海上风涛之险，成祖在这些小地方用心，足以看出对权妃的深情。

就在这年五月，成祖仍派太监黄俨到高丽再次选妃，除丰厚的赏赐以外，口敕是上年选的女子“都不甚好”，“王如今有寻下的女子，多便两个，少只一个，更将来！”结果李芳远进了两名女子，一个姓郑，十八岁；一个姓宋，十三岁。由于黄俨又传成祖的意思：“若得绝色，即必托他事以奏。”所以这一次李芳远的托词是，已退位的亲兄，“旧患风病，日益加重”，遣使“赴京”购药。于八月间启程，由于走旱路的缘故，历时甚久。

当时成祖正亲征漠北。按：元顺帝于洪武三年死于应昌，即今察哈尔多伦县东地方，谥为惠宗。太子即位，改元宣光，史家称此一时期为北元。终洪武之世，对北元征抚兼施，不能彻底解决。洪武十二年宣光帝死，谥为昭宗，子脱古思帖木儿立。以后的情况就乱了，“五传至坤帖木儿，咸被弑，不复知帝号。有鬼力赤者篡立，称可汗，去国号，遂称鞑靼”。此为蒙古的旧称，而元朝入主中华后所濡染的中土文明，亦逐渐剥除，复返游牧民族的本色，至此，元朝才算全亡，而明朝也等于出现了新的外患。

永乐四年，鬼力赤为其臣阿鲁台所杀，迎立元裔本雅失里。七年夏四月，成祖北巡至北京后，遣使以彩币赍书安抚本雅失里及阿鲁台等，结果竟至使臣被杀。于是，成祖一面封为鬼力赤、阿鲁台所败的瓦剌部（今天山北路、宁夏、青海及外蒙科多一带）马哈木为顺宁王，作为“统战”的手法；一面以淇国公丘福为大将军，率师北征，八月出塞，然丘福不听成祖持重的告诫，贪功轻进，遇伏大败，全军皆没。

成祖得报震怒，是年十月议北征，户部尚书夏原吉主军粮调发，以“武刚车”三万辆，运粮二十万石，沿途筑土城贮粮，以供军用。

八年春正月，以皇长孙（即以后的宣宗）留守北京，以夏原吉辅助，然后车驾发北京亲征，权妃在后帐随侍。

这是成祖五次北征的第一次，在鄂伦河畔，击败鞑靼，本雅失里西走依瓦剌，阿鲁台北走，为马哈木击破，势竭降明，成祖于七月班师回京。

论功行赏已毕，成祖在九月间临幸昌平州天寿山，巡视所营山陵，十月间启驾回南京。

此时的权妃，奉旨统摄六宫，地位等于皇后（按：成祖后崩于永乐五年七月），到了十月二十四，得病而死。《李芳远实录》记：

（永乐九年）三月己丑：光禄寺卿权永均回自京师，启曰："去庚寅年十月二十四日，显仁妃权氏以病卒于济南路，仍殡于其地，令济南民蠲役守护，将欲迁之合葬于老皇后也。永均曾拜光禄职，未受诰命，至是锡之，其待遇之厚倍于前日。帝赐言之时，含泪伤叹，至不能言。"

此一死也，实为成祖精神上最惨重的打击，因为自此饮食起居，皆不适意，贵为天子，竟至不能享受正常的生活，内心的抑郁，可想而知。于是到了三年以后，爆发了宫廷大惨案。

事情的起因，只能从成祖向李朝的通事元闵生所说的话中略知梗概。据说在永乐十三年，原属权妃的奴婢与吕美人的奴婢吵架，前者骂后者"你家主子使毒药杀我的主子"。语为成祖所闻，下令究治，据供内幕是如此：

吕美人和权氏对面说道："有子孙的皇后也死了，你管得几个月？这般无礼！我这里内官二个，和你高丽内官金得、金良，他这四个做实弟兄。"一个银匠家里借砒霜与这吕家，永乐八年间回南京去时，到良乡，把那砒霜，研造末子，胡桃茶里头下了，与权氏吃杀了。

以上所引是成祖向元闵生所说的话。内官、银匠自然被诛，吕美人是用“烙铁烙一个月杀了”。成祖并告知元闵生，转启其国王，吕美人家属，以后不必再来。李芳远因而下令，拘捕吕美人的母亲及家属。

其后成祖又亲口告诉权永均：“吕氏不义，与内史金得谋，买砒霜和药饮之，再下面茶致死了，朕尽杀吕氏宫中之人。”但细释前经过，实多可疑，权妃如何对吕美人“无礼”？何至于致以死命？如谓夺宠，则吕美人本来无宠，话中牵涉早已崩逝的皇后，更为支离。果然以后才知道是一大冤狱，“诛吕氏及宫人宦官数百余人”之多。

这个秘密的泄露，在仁宗登极以后。由此秘密的泄露，证明当时成祖对元闵生所说的亦不尽是实话。兹转引王崇武《明成祖朝鲜选妃考》一文所引，《李祹实录》七年十月记载，分段注释如下：

（一）使臣言：前后选韩氏等女皆殉大行皇帝。

按：使臣为明朝礼部郎中李琦等，出使目的在颁仁宗登极诏。朝鲜老王李芳远崩于永乐十六年，十七年为今王李祹元年，李祹七年则为仁宗洪熙元年。

韩氏为权妃以后最得成祖宠爱的高丽女子，永乐十五年，为高丽选进。同时被选者，还有黄氏，容貌犹在韩氏之上，但黄氏非处女，且上道时，已有身孕。此尴尬情事，《李祹实录》有颇为生动的记载：

初黄氏之未赴京也，姐夫金德章坐于所在房窗外，黄俨（明朝遣来迎接两女的太监）见之大怒，责之。及其入朝，在道得腹痛之疾，医用诸药皆无效，思食汁葅。俨问元闵生曰：“此何物耶？”闵生备言沉造之方。俨变色曰：“欲食人肉，吾可割股而进，如此草地，何得此物？”（按：汁葅不知何物。以意度之，当是高丽的一种特殊羹汤，须由很特别的材料，旅途无可得，所以黄俨有那些“气话”。）

结果发现黄氏的腹痛，是由于怀孕之故，在旅途中，每夜由侍婢用按摩的手法，达到了强迫流产的目的，而阴私亦因此外泄。成祖得报，诘责黄氏。她承认曾与她姐夫金德章的邻人，一名皂隶私通，而实为姐夫与小姨偷情，因为金德章曾赠一木梳为表记，是为征验。成祖大怒，预备责备李芳远，敕书都已制成，后为韩氏谏阻，始寝其议，而黄氏虽貌艳于韩，却自此无宠。至于韩氏殉葬，留待以后详谈。

（二）先是，贾人子吕氏入皇帝宫中，与本国吕氏以同姓欲结好，吕氏不从，贾吕蓄憾，及权妃卒，诬告吕氏点毒药于茶进之。帝怒，诛吕氏及宫人宦官数百余人。

按：成祖选妃，第一次为权妃等五人，第二次为韩氏等二人，历历可考。此贾吕未与其选，而蓄憾在权妃未死之前，可知其人即第一次随权妃等人入京的“女使一十六名”之一，偶承恩眷，“入皇帝宫中”。是枕上进谗，还是如成祖所说“两家奴婢肆骂”，贾吕即为责吕氏“杀我的主子”的人，已不可考。

（三）后贾吕与宫人鱼氏私宦者，帝颇觉，然宠二人不发，二人自惧缢死。帝怒事起贾吕，鞫贾吕侍婢，皆诬服，云欲行弑逆，连坐者二千八百人，皆亲临剐之。或有面诟帝曰："自家阳衰，故私年少寺人，何咎之有？"

按：此段记载中，包括三个问题：第一，事在何时？第二，贾吕与鱼氏私宦者的"私"字作何解释？第三，成祖的穷诘，出于怎样一种心理？

.要解答这些问题，首先要考查成祖晚年的一场灾难，这场灾难影响了成祖的性情，论定成祖的一生，是必须注意的一个关键。

这场灾难是，成祖在永乐十五年初已经中风。《三朝圣论录》记：

宣德三年十月，刘观有罪下狱。先是六月间，一日早朝罢，召杨荣及臣士奇至文华门，命光禄赐食既，上曰："吾三人商量一事，京师端本澄源之地，祖宗时朝臣无贪者，年来贪浊之风满朝，何也？"对曰："贪风永乐之末已作，但至今甚耳。"上问："永乐何如？"对曰："十五六年以后，太宗皇帝有疾多不出，扈从之臣放肆无顾藉，请托贿赂，公行无忌。"

这段记载，对于成祖因疾不能视朝而产生的恶劣影响，已很扼要地叙明。所谓有疾，据《李裪实录》记其通事林密所言，实为"风痹"，痹者麻痹，由脑溢血而引起的局部生理障碍，宫婢面诟"自家阳衰"，其直接诱因，自是中风之故。

成祖中风的时间，当在十五年春，或者即由南京北巡，于途次得疾，亦未可知。因为其时方建灵济宫于北京，祷祠服药，颇有效验。是年御制灵济宫碑谓：

乃者，朕躬弗豫，用药百计，罔底于效，神默运精灵，翊卫朕躬，顷刻弗违，随叩随应，屡显明征，施以灵符，天医妙药，使殆而复安、仆而复起，有回生之功，恩惠博矣盛矣。

又御制《二真成仙传》（按：指福建所信奉的南唐徐知证、徐知谔）：

比者，朕躬遘疾，默运化机，大阐灵贶，翊卫左右，顷刻不离，施以灵符，济以天医妙药，随言随效，感应如响，使困敝之体既危而即安，沉痼之疾尽脱而复旧。斡旋之力，同于更生，感神之惠，铭刻不忘。

“殆而复安、仆而复起，有回生之功”“斡旋之力，同于更生”，凡此措辞，都见得成祖得疾不轻，于中风之说相合。

成祖生于元至正二十年庚子，至是已五十八岁，老年人高血压，固为通病，而发作为中风，则往往由于暴怒狂喜，情绪受重大刺激所致。于此有一事可以参考，此即成祖次子高煦的谋为不法。《明史纪事本末》：

十五年三月，汉王高煦有罪，居之山东安乐州。高煦所为不法，上颇闻之，还南京，以问蹇义，义不敢对，固辞不知，又问杨士奇，对曰：“汉王始封国云南，不肯行，复改青州，又坚不行。今知朝廷将徙都北京，惟欲留守南京，此其心路人知之，惟陛下早善处置，使有定所，用全父子之恩，以贻永世之利。”上默然，后数日，上复得高煦私造兵器，阴养死士，招纳亡命，及漆皮为船，教习水战等事。上大怒，召至面诘之，褫其衣冠，絷之西华门内，皇太子力为营救乃免。上厉声曰：“吾为尔计大事，不得不割，汝欲养虎自贻患耶？今削两护卫，处之山东乐安州，去北京甚迩，即闻变，朝发，夕就擒矣！”比至乐安，怨望异谋益炽。太子数以书戒之，竟不悛。

这段记载中，可注意的是高煦至乐安，“怨望异谋愈炽”，而成祖竟无处置。以意度之，此时成祖已经中风，太子纯孝，不忍以其事上闻，致病中忧愤。同时我还怀疑，成祖中风，即为高煦有异谋，情绪受了重大刺激所致。

经此一病，成祖的性情，变得相当暴戾，喜怒无常，而性机能的丧失，当亦在此时。由性机能的丧失，更导致了虐待狂的性变态心理，命“画工图贾吕与小宦相抱之状”以及后来的兴起大狱，“亲临剐之”，都是由于这种虐待狂的变态心理使然。

（四）乱之初起，本国任氏郑氏自经而死，黄氏李氏被鞫处斩，黄氏援引他人甚多，李氏曰：“等死耳，何引他人为？我当独死。”终不诬一人而死。于是本国诸女皆被诛，独崔氏曾在南京，帝召宫女之在南京者，崔氏以病未至。及乱作，杀宫人殆尽，以后至获免。韩氏当乱，幽闭空室，不给饮食者累日，守门宦者哀之，或时置食于门内，故得不死，然其从婢皆逮死。乳媪金黑亦系狱，事定，乃特赦之。

按："乱之初起"不知在何时，推测当在永乐十八年，因为以后所记，有"鱼吕之乱方殷，雷震奉天、华盖、谨身，三殿俱烬"的话，此三大殿的被灾，在永乐十九年四月。其前又有自南京召宫女至北京对质者，迁延时日，总当在一年左右，所以定乱起为永乐十八年。

韩氏、崔氏之后终不免一死，为成祖殉葬。明初宫眷殉葬，及廷杖朝官，为秦始皇以来最大的人性反动。明太祖行事学汉高祖，而缺乏汉高祖的恢宏大度，有些只讲形式不问底蕴的史学家动辄喜称朱元璋为"平民革命"。出身平民不错，掌了政权，何尝想着平民？明太祖的封建思想，与秦始皇并没有什么两样。洪秀全亦是如此，说什么"铁桶江山自有人扶"，当其在"天京"梦呓之时，何尝想到后世有些史学家，会找出许多民族大义的理由，来强调他是革命先进？

以上是闲话，说过就算。再扯回成祖崩逝以后，宫眷的情形，当时殉葬者共三十余人，包括来自高丽的韩氏和崔氏：

（五）及帝之崩，宫人殉葬者三十余人，当死之日，皆饷之于廷，饷辍，俱引升堂，哭声震殿阁，堂上置木小床，使立其上，挂绳于其上，以头纳其中，遂去其床，皆雉经而死。

这一段记载，惨无人道的情景，已如目见，真是谋杀而已！

先朝妃嫔殉葬，嗣后应加礼遇，故以下有记：

（六）韩氏临死，顾谓金黑曰：“娘吾去，娘吾去！”语未竟，旁有宦者去床，乃与崔氏俱死。诸死者之初升堂也，仁宗亲入辞诀，韩氏泣谓仁宗曰：“吾母金黑年老，愿归本国。”仁宗许之丁宁。及韩氏既死，仁宗欲送还金黑，宫中诸女秀才曰：“近日鱼吕之乱，旷古所无，朝鲜国大君贤，中国亚匹也。且古书有之，初佛之排布诸国也，朝鲜几为中华，以一小，故不得为中华，又辽东以东，前世属朝鲜，今若得之，中国不得抗衡必矣。如此之乱，不可使知之。”仁宗召尹凤问曰：“欲还金黑，恐泄迎日事也，如何？”凤曰：“人各有心，奴何敢知之。”遂不送金黑，特封为恭人。

按：尹凤为高丽籍的太监。此一明宫血案，先由尹凤泄露于李朝。至金黑回国，乃有更进一步的详情透露。

金黑回国，时在李祹十七年四月，亦即宣德十年四月。宣宗崩于是年正月，所以金黑之归，是在英宗即位以后。《李祹实录》十七年四月：

使臣李忠金角金福等奉敕率处女从婢九名，唱歌婢七名，执馔婢三十七名来，上迎至景福宫，受敕如仪，敕曰：妇女金黑等五十三名，久留京师，朕悯其有乡土之思，亦有父母兄弟之望，今遣内官李忠内定金角金福送回，王可悉访其家归之，勿令失所。李忠等就令展省毕即回京，故敕。李忠永乐六年随权氏入朝，金角玉果人，金福平壤人，并永乐元年入朝。

以下记金黑自道得以回国的经过：

金黑言：韩氏卒后，日侍太皇太后，待遇甚厚，赐与无数。一日，白太皇太后曰："年老蒙恩甚厚，但欲还乡。"太后许诺，命还。仍请并还执馔唱歌婢，后曰：初不知来在也，仍命并还。拜辞日，后执金黑手泣别。金黑所受诰命之辞曰："奉天承运皇帝诏曰，朕惟帝王致孝于亲者，必受恩于其所爱，若于所爱尝有保育之勤者，亦推恩及之，仁之至，义之隆也。咨尔金氏，故康惠庄淑丽妃（韩氏封谥）之乳母也，丽妃恭事先帝，允称贤淑，及六御升遐，陨员以从，既加封谥，以旌贤行，念尔昔有保育之勤，今特封为恭人，服此光荣，钦哉无斁。"洪熙皇帝之命也。

送还的五十三人中，除了高丽妃嫔的"从婢"以外，另有歌婢七名，执馔婢三十七名，而张太皇太后即仁宗张皇后竟"初不知来在也"，可知纯为成祖个人所服役，此更为成祖的生活趣味倾向于高丽化的明证。

又李祹六年即永乐二十二年，高丽的由通事升任为"奏闻使"的元闵生，在京曾受成祖诘责，谓"小王不以至诚事我"，索苏鱼紫蟹等物以后。据《李祹实录》所记当时的结果是如此：

内官海寿立于帝旁，谓闵生曰："将两个好处女进献——"帝欣然大笑曰："并将二十以上，三十以下，工于造膳造酒侍婢五六选来！"……上（指李祹）曰："前日火者事，余非不知皇帝之怒也。然今此言，欲得处女而发欤？"即召政府六曹共议，命禁中外婚嫁，置进献色。

按：这年成祖已六十五岁，犹好色如此。李祹所谓"火者之事"，即指成祖欲求老王李芳远御厨，未能如愿一事。照李祹的看法，此无非"欲得处女"的借口，是则成祖的好色之名，早远传异邦了。

成祖于永乐二十二年四月北征蒙古，无功班师，七月至榆木川而崩。《明史·本纪》：

太监马云密与大学士杨荣、金幼孜谋，以六军在外，秘不发丧，熔锡为椑，载以龙辇，所至朝夕上膳如常仪。

按：此是师秦始皇崩于沙丘，秘不发丧的故智。秦始皇崩于旅途，亦为七月，不发丧则不殓，尸身腐烂，气味难闻，当时是弄了好些腥臭的盐鱼载于一车，乱其气味。成祖之崩，秘不发丧，自不能公然备办"梓宫"，所以"熔锡为椑"以殓。椑者，椭圆形的盒子，用锡盒盛殓密封，尸臭不致外溢，马云比赵高来得高明。

但同一秘不发丧，原因不同，一个对内，一个对外，成祖最末一次北征，损兵折将，等同败绩，而《明史》有所讳，仍须看《李祹实录》，始能得其真相。七年（洪熙元年）二月记：

（使臣）尹凤谓总制元闵生曰："总制年前赴行在，艰难而还。"闵生答曰："皇帝特赐羊酒与料而送，何艰难之有？"凤曰："其时事不可说，不可说。北京距榆木川不迩，自榆木川以北，奚止八九倍，銮舆入幸，逐中山王阿禄，大王使人曰：'予自昔受赏与爵，不可以拒大军，自东逐我，则我乃西走，自西逐我，则我乃东走，终不与战。'不幸皇帝病亟，还至榆木川而崩，崩后，大军与三卫兀良哈再战，我军被虏，不知其几千人也。"

阿禄即是阿鲁台，所采的战术极其狡猾——我以前曾一再谈过，自来中土北征，必受天候的限制，春去夏还，能收功即在此两三个月内。金风一起，便当班师，因为秋高马肥，霜雪踵至，有利于敌而不利于王师，在塞外过冬，是件极危险的事。阿鲁台的战术，就是先避大军的锐气，拖到夏去秋来，成祖收军南返，则蹑其后俟机而击，所以成祖无功而还，即当于失败。其时危机潜伏，须当加倍警戒。所以秘不发丧的缘故，就是怕动摇军心，同时也怕阿鲁台得知真相，趁六军无主，大举进击。

又《李祹实录》六年（永乐二十二年）九月，记明朝太监王贤述成祖之死云：

皇帝（成祖）与鞑靼相遇交兵，阿禄（阿鲁台）大战，死头目李英云。忠勇王（金忠）自请招安鞑靼，扈驾而行，未知去向。皇帝行在所雨冰如瓦，军人或折臂，或碎头而死，马亦多折项而死，皇帝以此劳心而崩。

以此与前引之文参看，可知成祖之崩，实由师行不利，情绪遭受刺激，因而触发旧疾。《明史纪事本末》“亲征漠北”篇：

七月丁亥次翠微冈，上御幄殿，凭几而坐，大学士杨荣、金幼孜侍，上顾内侍海寿问曰：“计程何日至北京？”对曰：“其八月中矣！”上颔之。既而谕杨荣曰：“东宫涉历年久，政务已熟，还京后，军国事悉付之，朕惟优游暮年，享安和之福。”戊子，上次双流泺，遣礼部尚书吕震齐书谕皇太子，并诏告天下。己丑，次苍崖，上不豫，下令大营五军将士严部伍，谨哨瞭。庚寅，次榆木川，上大渐，召英国公张辅受遗命，传位皇太子。辛卯上崩。

按：榆木川即在察哈尔多伦（即今内蒙古多伦县——编者注）地方，西北为苍崖山，又西北为双流泺，又西北为翠微冈，成祖自此而至榆木川凡四日，由从容召对而不豫、而大渐、而崩，显为暴疾，自是再次中风。崩后虽秘不发丧，而消息可能外泄，因而阿鲁台乘机进攻，明军被俘者达数千人之多。这一场大败仗，由于明朝官书讳言，其详已不可知了。

成祖的第一次中风，情况并不严重，但误于“仙方”，至死不悟。此类仙方，多为金石药，据王崇武《明成祖与方士》一文中考证，其中有一味“小涵丹”，内有麝香、附子等熟猛之药，服后易于暴怒使气。所以明宫大喋血数年之中死二千八百人之多，一半是那些讲服食修炼的道士作的孽。

成祖误于方士的金石之药，此现实的教训，固应记取，所可嗟异者，仁宗竟甘蹈覆辙。仁宗于永乐二十二年八月即位，洪熙元年五月崩，在位仅九个月。《明史·仁宗纪》："侍读李时勉，侍讲罗汝敬以言事改御史，寻下狱。"为仁宗临崩前两日的事，所言之"事"，即为谏劝仁宗节欲及摒拒金石药。《明史·罗复仁传》：

宣德初，（翰林院侍读罗汝敬）上书大学士杨士奇，曰："先皇帝（仁宗）嗣统未及期月，奄弃群臣，揆厥所由，皆憸壬小夫献金石之方以致疾也。"

至于李时勉所上一疏，《明史》不载，考之《明臣奏议》，原文相当率直，指仁宗于"斩焉衰绖之中，而遣内使远自建宁选取侍女，旭日已旦始朝群臣"。仁宗本性宽和，乐受诤言，独于李时勉积憾不释，"召而便殿，命武士扑以金爪，胁折者三，曳出几死"。大渐之际，犹谓夏原吉："时勉廷辱我！"《明史·李时勉传》至此说："言已，勃然怒，原吉慰劝之，其夕帝崩。"又《本纪》于李时勉言事"下狱"后，接书"帝不豫"，照此看来，仁宗竟是因李时勉上书，情绪受了重大刺激而致疾，而暴崩。

按：仁宗体肥，且有足疾。《明史纪事本末》载：

上（指成祖）命太子及汉王高煦、赵王高燧、皇太孙同谒孝陵，太子体肥重，且足疾，两中使掖之行，恒失足。

此是仁宗四十岁以前的事，甫入中年，已是如此，所以他的暴崩，应当亦是死于中风或心脏病。但致死的直接诱因，则起于情绪激动。以仁宗的秉性，不致如是，所以然者，因多服热猛的金石药，脾气会变得暴躁，仁宗之死，与成祖的大杀妃嫔、宫女、太监，起因正自相同。

于此可以列出一个因果关系的公式：纵欲、性机能衰退，服壮阳的兴奋剂，因兴奋剂的副作用而致性情暴戾，最后复以兴奋剂的副作用造成高血压或心脏病而致死。

明朝的方士及所谓“宫方”，实在害人不浅。光宗的“红丸案”，不过其彰明较著者，此外细按史实，都可以看出列帝误于金石药的蛛丝马迹。仁宗以后，好的皇帝皆不永年，宣宗、英宗皆三十八岁崩，孝宗三十六岁崩，而照史书记载，往往得疾以前，毫无异状。“不豫”未几，旋即“大渐”，到底得何疾而死？真所谓“宫闱事秘，莫知其详”了！

附带我要谈一谈明朝与高丽的关系。在本篇中，我一直称韩国为高丽，是尊重友邦，用其英文译名。以下为行文便利计，或称韩国，或称高丽，或称朝鲜不一，特先作声明。

《明史·外国传》首列朝鲜，从高丽改称朝鲜的过程，正也就包含了高丽臣服于明朝的主要原因。《朝鲜传》开宗明义就说：“朝鲜箕子所封国也。”所以中韩一家，是毫无疑问的事。在清朝，朝鲜亦就因为箕子之后，多少有些藐视女真，所以朝鲜与清朝的关系，较之与明朝的关系，不可同日而语。

高丽之名，起于汉末，而古名为朝鲜。改朝鲜为高丽者，其人姓高。高氏由汉末统治至后唐，为王氏所代，一直到明太祖得天下，还是王氏，其王叫王颛。太祖即位元年，遣使赐玺书；二年又送还许多高丽侨民，因而王颛对明朝有好感，进贡请封，被封为“高丽国王”。以后遣使不绝。大致说来，颇称友好。

到了洪武二十年，发生了纠纷。《朝鲜传》：

先是，元末辽沈兵起，民避乱转徙高丽，至是因市焉，帝令就索之，遂以辽沈流民三百余口来归。十二月命户部咨高丽王：“铁岭北、东、西三地，旧属开元地，辽东统之；铁岭之南，旧属高丽者，本国统之。各正疆境，毋侵越！”二十一年四月，禑（按：老王王颛嗣子；王颛为权相李仁人所弑，王禑为李仁人所立）表言：铁岭之地，实其世守，乞仍旧便。帝曰：“高丽旧以鸭绿江为界，今饰辞铁岭，诈伪昭然。其以朕言谕之，俾安分，毋生衅端。”

当王禑上表乞地时，已有侵犯辽东的打算，派出两名大将，一名崔莹，一名李成桂，以平壤为前进指挥所。李成桂的部将陈景，因粮食不继，退回后方。王禑大概是听了崔莹的谗言，迁怒李成桂，杀了他的儿子。于是李成桂一怒回师，攻破王城，把王禑及崔莹监禁起来，立王禑的儿子王昌为王。

王昌在一年以后又被废，据说是“国人弗顺”，启请王颛的元妃安氏，在王氏族中另择王瑶“权国事”。洪武二十四年十二月，王瑶遣子王奭入京，朝贺正旦。王奭未归，李成桂已篡位自立，是为李朝的始祖。

王氏自后唐传国至此而亡，李成桂对国内的局势能够控制，但王瑶父子与明朝的关系不坏，怕太祖出兵干预，所以特派一个名叫赵胖的使臣，进京向太祖解释，说王瑶“昏戾信谗，残害勋旧”，王奭“痴骙不慧”，皆“不足以主社稷”，而李成桂则为众望所归，由耆老共推主国事，请“圣主俞允”。

明太祖的态度是如此：

帝以高丽处东隅，非中国所治，令礼部移谕：“果能顺天道、合人心，不启边衅，使命往来，实尔国之福，我又何诛？”

明太祖作此宽大的表示，原因有三：

一，已入暮年，性情较为平和，不愿轻易用兵；

二，劳师远征，未见得有必胜的把握；

三，有比耀武扬威更大的兴趣在。

洪武二十五年以后的数年，是明朝开国以来最好的年代，当时是太祖锐意“经济建设”之时，有一项财经的伟业，较之萧何入咸阳，保存天下国籍，不致毁于西楚霸王的“怒火”，有过之无不及，此即是丈量海内土地。孟森《明代史》：

（洪武）二十年，命国子监生武淳等，分行天下州县，随粮定区，区设粮长四人，量度地亩方圆，次以字号，悉书主名及田之丈册，编类为册，状如鱼鳞，号白“鱼鳞图册”。先是“黄册”之制，以户为主，详具旧管、新收、开除、实在之数，为四柱式，而“鱼鳞图册”以土田为主……于是以鱼鳞册为经，凡土田之讼质焉，黄册为纬，凡赋役之法治焉。……于是始无产去税存之患。

孟森评此事有言：“‘鱼鳞区图’之制，为田土之最要底册，明祖创之，清代沿用……今全国之所谓土地台账，即此法也。明于开国之初，即遍遣士人（按：指国子监生），周行天下，大举为之，魄力之伟大，无过于此。经界由此正，产权由此定，奸巧无所用其影射之术。”

同时工勤课桑麻，兴修水利。在洪武二十六年时，全国已垦的田地，计有八百五十万七千余顷，海内几无弃土。而太祖深谋远虑，曾有提示：

二十七年三月，谕工部：“人之常情，饱则忘饥，暖则忘寒，设有不虞，将何以备？比年以来，时岁颇丰，然预防之计，不可不早，其广谕民间，如有隙地，种植桑枣，益以木棉，并授以种法，而蠲其税。岁终具数以闻。”

种桑免税，直至清末，犹是如此，虽有豪强侵占，但大致春蚕人家是受惠的，此对江浙丝业的发展，甚有关系。

洪武二十七年八月，太祖仍遣国子监生，周行天下，兴修水利。到洪武二十八年冬天，凡开塘堰四万余处，河道四千余处，筑陂渠堤岸五千余处。办事效率，相当惊人。

就为了这胜于耀武扬威的、锐意经济建设的兴趣，太祖才承认了李成桂的政权。其时适值皇太子朱标薨，李成桂遣使上表，慰劝太祖，同时请更改国号。太祖命复古号“朝鲜”，随后更请求李成桂更改他本人的名字，由李成桂改为李旦。

《明史·朝鲜传》：

二十六年二月，遣使进马九千八百余匹……是月辽东都指挥使司奏：“朝鲜国招引女真五百余人，潜渡鸭绿江欲入寇。”乃遣使敕谕，示以祸福，旦得敕惶惧，陈谢上贡。

李旦敢于挑衅，以及太祖不愿出兵讨伐，可能都由于蓝玉谋反一案。一方面认为有可乘之机；另一方面因为内部有了麻烦无意远征。蓝玉谋反，为明初四大狱之一。蓝玉是开平王常遇春的妻弟，与胡惟庸同乡，都是安徽定远人。初隶常遇春帐下，征元立功，太祖比之卫青、李靖。《明史》本传：

玉长身赤面，饶勇略，有大将才。中山（徐达）、开平（常遇春）既殁，数总大军，多立功，太祖遇之厚，寖骄蹇自恣，多蓄庄奴假子，乘势暴横……怒逐御史，北征还，扣喜峰关，关吏不时纳，纵兵毁关入，帝闻之不乐。又人言其私元主妃，妃惭，自经死。帝切责玉。初帝欲封王梁国公，以过改为“凉”，仍镌其过于券。玉犹不悛，侍宴语傲慢，在军擅黜陟将校，禁止自专，帝数谯让。西征还，命为太子太傅，玉不乐居宋、颍两公下（按：宋国公冯胜、颍国公傅友德，“官衔”皆高于蓝），曰：“我不堪太师耶？”比奏事多不听，益怏怏。二十六年二月，锦衣卫指挥蒋瓛告玉谋反，下吏鞫讯，狱辞云……将伺帝出藉田举事。狱具，族诛之；列侯以下坐党夷灭者不可胜数。手诏布告天下，条列爰书，为《逆臣录》。

到九月间，逆案平定，太祖自谓胡惟庸、蓝玉为乱，“族诛者万五千人”。严刑峻法，慑服中外。李旦于建文即位后，自陈年老，传位于子，就是李芳远。

李芳远对成祖极其恭顺，更因成祖有一半朝鲜血统，所以彼此交好。直到明末，满清兴起，有传朝鲜与清讲和者，朝鲜国王李珲犹上疏声辩，说：“二百年忠诚事大，死生一节。”崇祯十年，清太宗以“渝盟助明”之罪，亲征朝鲜，不久皮岛为清所夺，道路阻隔，关系自此而绝，而明祚亦覆。但朝鲜以助明之故，对清军将帅反感甚深，比较受欢迎的只有一个多尔衮。多尔衮之后亦有朝鲜选妃之举，此是另一重公案，将来有机会再谈了。

朱三太子

“朱三太子”这个名词，从理论上讲是不通的。太子只有一个，通常是皇帝的嫡长子，经正式册立，备位东宫，始取得太子的称号。但嫡长子在皇子的排行中，也许不是第一，是行次、行三，而既经册立，便仅称为太子，不得称为二太子或三太子。唯有皇子才冠以排行，如皇长子、皇二子之类。民间对太子和皇子的区别不明，所以才有“三太子”的称呼。“三太子”且姓“朱”，知是明朝的皇子，说得明白些，就是明思宗的第三子。

明思宗七子，这一辈命名的第一字，照规定为“慈”；第二字依五行“木、火、土、金、水”五字的偏旁依序取名，周而复始，思宗名由检，下一辈即应取火旁，所以七子名为慈烺、慈烜、慈炯、慈炤、慈焕，六、七两子名俱无考。次子及三幼子都早殇，皇长子慈烺立为太子，皇三子慈炯封为定王，皇四子慈炤封为永王。

思宗的女儿有六，长成的只有两个，长平公主和昭仁公主。《明史·公主传》：长平公主年十六，帝选周显尚主，将婚，以寇惊暂停。城陷，帝入寿宁宫，主牵帝衣哭，帝曰：“汝何故生我家？”以剑挥砍之，断左臂。又砍昭仁公主于昭仁殿，越五日，长平公主复苏。

此即吴梅村《萧史青门曲》中所写：苦忆先皇涕泪涟，长平娇小最堪怜，青萍血碧它生果，紫玉魂归异代缘。尽叹周郎曾入选，俄惊秦女遽登仙。

清顺治二年，长平公主上书："九死臣妾，跼蹐高天，愿髡缁空王，稍申罔极。"摄政王多尔衮不许她做尼姑，觅着周显令其复尚故主，赏赐了田地、邸宅、金钱、车马，但如此"皇恩"，自难消受。长平公主终日以泪洗面，郁郁成病，一年以后就死了。

为了不使后妃受辱于流寇，思宗在决心殉国以前，传旨后宫，皆令自裁。所御宫嫔有贪生的，思宗手砍数人。袁贵妃自缢，绝而复苏，思宗拔剑砍其肩，终于生殉。但他对太子及永、定两王，则另有处置，而《明史》记思宗三子，都说"不知所终"，实为隐笔。

未谈朱三太子以前，先要谈真假太子慈烺与王之明。而朱三太子又非皇三子，名字亦不叫慈炯。前引思宗诸子的名字，根据《明史》而来，但《明史》在这一点上是错了，后文将有说明，姑作搁置。

按：明思宗周皇后生太子及皇四子，田皇贵妃生皇三子。甲申三月十九日，李闯破京，思宗命太子避往成国公府。成国公朱纯臣，此时统率京营，思宗的意思自是希望他能保护太子。皇三子定王及皇四子永王，则分投外祖父家。永王的外祖父为嘉定伯周奎；定王的外祖父为左都督田弘遇，住铁狮子胡同，梅村歌行中的《田家铁狮歌》，以及《圆圆曲》中的所谓"相见初经田窦家"，都指此处。

其时京城已经大乱，太子及两王，一出宫就被冲散。但定、永两王最终还是到了周家，却为周奎献于李闯，而太子不知所往。

吴三桂引清兵入关，李闯挟两王及其在山西所俘虏的晋王出京。“一片石”一仗，吴三桂与多尔衮夹击李闯，李闯大败。晋王找到个机会投往吴三桂军中，定、永两王则下落不明。

到了这年——明崇祯十七年，也就是清顺治元年的冬天，忽然有个青年男子，投往周奎家，由周奎的侄子周绎接见，此人自言：“我就是太子，出了宫无法到成国公府，躲在东厂门。到半夜里才敢出来，找到一家豆腐店，店主人给我换了一身旧衣服，送到崇文门外的尼姑庵暂住。以后又转到太监常进节家。最近听说公主在这里，我特为来看她。”这个公主就是被她父亲砍断了左臂的长平公主，救治以后，送到周奎家住。

周绎不认识太子，但长平公主可以相认，太子与长平公主同岁，照月份算是兄妹，两人一见，相向大哭。周奎留太子吃饭，并以君臣礼相见。到了天黑，太子告辞，长平公主给了他一件棉袍，而且叮嘱他以后不要再来。这可能是长平公主已看出她身受国恩的外祖父不是个玩意儿，怕生危险之故。

而太子不能领会他妹妹的告诫，过了几天又来了。周绎留他住下，但告诉他说：“你不要说你是太子。只说姓刘，以说书为生，可以免祸。”太子不愿依从，周绎便把他赶出门外，事先周奎已向地方官去出首，说：“有一个男子自称太子，不知真伪，现在我家，不敢隐匿。”所以太子一出门便被捕了。

又有一说：周奎留太子住了两天，方始自首，并非被逐而为逻卒所捕。不管如何，总之，太子是被捕送到刑部审问了。

因为周奎有不知真伪之言，所以第一步就是“验明正身”。这一案被传讯的人极多，包括常进节及其他曾执役东宫的太监。常进节和另一太监王化澄都说不假；再审周奎家的奴仆，供出周绎接待太子，以及太子与公主兄妹相见的情形。这就很显然了，周家明知是真，而故意说不知真伪，则其意何居，不问可知！

当时主审的是刑部尚书吴达海——顺治初年，六部尚书尚无“满汉两堂”的制度，只有一个满尚书吴达海，他不懂汉语，根本不知堂下所供的是什么。有个陪审的刑部主事钱凤览却忍不住了，怒气冲冲下得堂来，对准周绎就是一拳。钱凤览为什么揍他，吴达海也是莫名其妙，只知真伪难决，下令暂且收监。

第二天，周奎又上了一本，其中有“即以真为伪，亦为国家除患”的话，可知是劝满清杀太子。因而又举行“廷勘”，仍旧以辨真伪为先，特召随吴三桂降清的晋王及旧时东宫太监十人辨认。十个太监一见太子，立即跪倒，指称为真，唯独晋王不以为然。这时头一天说了真话的王化澄也改口说假了。

于是太子慨然说道：“我来看公主，并无其他企图。现在为周奎叔侄所出卖，真也是死，假也是死，何必还要辨别？”

这话说到了多尔衮他们心里，然则何以要辨呢？其中另有说法。满清原为明朝的臣属，为了消除汉人的反抗心理，经过洪承畴之流的“高人”指点，不承认他们是夺了朱明的天下。他们说，朱明亡于流寇，清兵入关，赶走李闯，乃是为明报仇，所以对于明朝殉节的帝后妃嫔，以礼安葬；对于长平公主，仍旧要替她找“驸马”。既然如此，发现了真太子，却又如何处置？因此，满清绝不能承认有真的明太子出现，一个绝不可更移的原则是：假也是假，真也是假！

这当然是他们心里的意思，而有些天真的人识不透，以为满清说得这样仁义道德，则如发现了真太子，即使不能推位让国，起码也会像宋太祖对柴家子孙那样，有个好好的位置，所以极力想办法要证明太子为真。

钱凤览就是这样一个天真得可敬的人，他根据周奎所说“即以真为伪，亦为国家除患”的话，认为“此语真情已露，请复讯”。满清不得已，只能再召晋王及前明的侍讲谢升来求证。

不提根本没有心肝的晋王，且说谢升。他是山东人，万历三十五年进士，官至建极殿大学士兼吏部尚书，加少保，受恩不为不厚，而“廷质”时居然“方证其非”。于是太子喊他：“谢先生！”说某时某日，在某殿讲某书、谈某事，还记得不？谢升语塞，一揖而退。

这下又恼了钱凤览，当时就大骂谢升和晋王。一场真伪之辨无结果而散。消息传了出去，士庶百姓自然更不会明了满清贵人的用心，他们的想法比钱凤览还要单纯，纷纷上书，为太子声辩，同时无不痛责谢升。满清一看情势不妙，初度展开了高压的手段，凡有上书助太子的，无不收捕下狱，而民不畏死，言者不已。

最后迫使摄政王多尔衮不得不亲自出面，他御殿亲询群臣，太子究竟是真是假？别人沉默，只有钱凤览与赵开心，侃侃而言，表示“人各为主”，多尔衮大怒，表示：“真假且不必争，朝廷自有处分。但晋王为前明王子，谢升亦是大臣，钱凤览对晋王不逊，百姓辱骂大臣，便是犯上。”因而传谕，钱凤览、赵开心以及其他因本案而下狱的人，一概处决。群臣为赵开心求情，赵开心得以免死；钱凤览改为绞刑，于顺治二年正月处决。

就在这时候，南明也发生了真假太子的大风波。事情的起因是这样，南明的鸿胪寺少卿高梦箕有个家人叫穆虎，从北方回南边，船过山东时忽然有个少年请求附搭便船，穆虎答应了。到晚来，少年解衣入寝，里面穿的衣服上绣着一条龙。穆虎大惊，问他的姓名，他说他就是太子，吴三桂把他从李闯那里救了出来，叫他逃走。提到思宗和皇后时，少年便放声大哭，哀痛不胜。

“那么，”穆虎问他，“李闯称你什么？”

少年又是涕泗交流，惨然答道：“他把我当儿子。”

看这样子还有何疑，穆虎便把他带到金陵，一望见明太祖的孝陵，少年便伏地痛哭，一切的一切，都是末路王孙的模样。但是高梦箕到底不比穆虎，而且也听说北方在闹真假太子，所以起初还不肯相信。

于是此少年为他描述数年前始行“冠礼”那天的情形。当时高梦箕是鸿胪寺的“序班”，这个职位与“鸣赞”同为大典礼的司仪，对于当时的经过大致还记得，一听不错，便信以为真了。

但高梦箕很清楚，这个“太子”如果一露面，十有八九小命不保，所以秘密把他送到杭州，藏在他侄子高成家。住了有个把月，此少年不安分了，渐渐露出颐指气使的“东宫”派头，这样下去，定会引人疑心，给高成带来灾难。忧惧之下，高成写信给他叔叔。高梦箕回信叫高成把“太子”送到金华。揣测他的企图，是要把“太子”送到福建巡抚张肯堂那里，另建“正统”。按：郑芝龙与张肯堂拥立唐王是之后的事。

可惜，事机不密，将肇大祸。高梦箕不得已密报马士英，自然，福王也立刻就知道了，派了两个太监去追，在浙江汤溪追到人，护送至南京，暂住兴福寺，半夜里秘密移入大内。

这时的福王，与宋高宗的心情一样——在王国城的宋钦宗倘若回来，高宗便不知何以自处。此刻太子出现，福王的皇位便将不保，所以极其焦灼。

于是有人上言，说驸马王昺的侄子王之明，相貌很像太子。这就可能发生了假冒的问题，所以立刻把此少年收捕下狱。

三月初六在大明门会审太子真伪。事先福王于内殿召见翰林刘正宗和李景濂，说道："倘是真的太子，我怎么办？你们从前都是讲官，应该去仔细认个明白。"刘、李二人听出弦外之音，福王是要学多尔衮的样子，反正这个"太子"真也是假，假也是假，此刻就把他认定了！

但是，要把此"太子"公开认定为假，也不容易。刘、李二人虽曾当过讲官，其实不曾在东宫进讲过，所以根本不知此"太子"的真伪。那就只有用陷真于假的办法。

在会审的那间屋子里，"太子"东向而坐，神态倨傲，而应对极其敏捷，随问随答，十分厉害。刘正宗便想了许多方法来套他的话，只望他言多必失，捉住一个漏洞，就可以说他冒充。

问来问去，把"太子"问得冒火了，板起脸来说："你们以为我是王昺的侄子，就算王昺的侄子好了！你们不想想曾做过皇考的臣子，何以一旦翻脸竟不认人到如此地步！"

这一骂，在场的臣子，有的羞惭，有的愤怒，但亦无可如何。审了半天，真假依旧无法分明，大家商量后，认为非要把最早收容"太子"上船的穆虎抓来，归案质讯不可。"太子"只好仍送监狱。

那时在别殿有许多官员正翘首盼望消息，宫门外亦有百姓在等候结果，照他们的想法，认一认太子的真假，是再容易不过的事，何以会有困难，令人不解。再往深一层去想，倘是假冒太子，便该严究其罪。照现在的情形看，明明是要以真为假，这搞的什么鬼！

于是内外臣工纷纷上书，有的以大义责南明的“首辅”马士英，应该保全“太子”；有的大骂杨维垣——首先上疏说“太子”像王之明的就是他，他也是所谓“魏忠贤干儿”的“阉党”之一，现在再干了这件“大逆不道”之事，越发被骂得狗血喷头。

民间如此，宫里的反应则完全不同，诸臣回奏以后，福王召见，对大家表示：“先帝身殉社稷，这一案我不能不关心，在宫里只等你们的消息，如果是真的，我仍旧叫他做太子。哪知道又不是！”听他的语气，真是“其词若有憾焉，其实乃深喜之”。

但案子总要有个归结，倘或有个有力的人证来说一句：“这不是太子！”便可塞中外之口。刘正宗之流，想来想去想到了一个人：方拱乾。

方拱乾的子孙，从清初直至乾隆朝，都是有名人物，这一家的遭遇，升沉荣辱，多彩多姿，而终清之世，为海内有名的世家，“桐城方家”，说起来几乎无人不知。

方拱乾，号坦庵，在明朝官至左谕德兼侍读，照料东宫读书。所以他对太子最熟悉不过，也就是最有资格来鉴定太子真假的一个人，但他此刻被关在监狱里。

李闯入京，有许多明臣被捕投降，变成“附逆”。及至清兵入关，他们乘机逃出京城，投奔南明，结果又被捕，这个附逆的案子，称为“顺案”，这是阮大铖发明的名词。崇祯初年大治“阉党”，称为“逆案”。此时阉党余孽的阮大铖，便对东林展开报复，他说：“你们从前搞‘逆案’，我现在就搞个‘顺案’给你们看。”“顺案”之“顺”，由李闯的“年号”“大顺”而来。

方拱乾亦是“顺案”中人，正被关在监狱里，此时先把他放了，然后由刘正宗等人拿名帖把他请来。等方一到，刘正宗兜头一揖，为他道贺，说道：“先生恭喜！审真假太子一案，全在先生一句话，不但可以免罪，而且还要高升。”

方拱乾是出狱以后才知道有这么件案子，现在一听刘正宗他们的话，知道了福王及其左右的意思，便“嗯、嗯”地敷衍着。那时“太子”又被提出来审问，依然据傲高坐。审到一半，好些人拥着方拱乾到了，“太子”一见就喊道：“方先生，别来无恙？”

听他这一喊，足见认识方拱乾，但方拱乾不敢答应，悄悄退到后面，别人问他太子真假，他亦不答。这是种非常奇怪的态度，越发启人疑窦。大家都这样在想，太子一定是真的，只是方拱乾受了压力，不敢相认——就因为他这一暧昧微妙的态度，刘正宗跟他结了冤家，十年以后，报复得他好惨。

由于方拱乾不肯“验明正身”，只好另想办法。有的人说，太子口中有虎牙，有的说足底有两颗痣，一一相验，都不符合。审问的官员便要加刑。就在这紧要关头，传来了黄得功的一道奏折，为真假太子一案，有所主张。黄得功是南明“江淮四镇”之一，其人与高杰大不相同，《明史》将他与周遇吉列为一传，评价在左良玉以上。《明史》本传：

黄得功号虎山，开原卫人，其先自合肥徙。早孤，与母徐氏居。少负奇气，胆略过人，年十二，母酿酒熟，窃饮至尽，母责之，笑曰："偿易耳。"时辽事急，得功持刀杂行伍中，出斩首二级，中赏率，得白金五十两，归奉母曰："儿以偿酒也。"由是隶军略为亲军，略功至游击。崇祯九年迁副总兵……十七年封靖南伯，福王立江南，进封侯，旋命与刘良佐、刘泽清、高杰为四镇。……得功粗猛不识文义，江南初立，王诏当指挥，多出群小。得功得诏纸，或对使骂裂之。然忠义出天性，闻以国事相规诫者，辄屈己，改不旋踵。北来太子之狱，得功抗疏争。

黄得功驻仪真，与金陵一江之隔，那些审问真假太子的官员，心存顾忌，不敢再用刑讯，所以这二次审问，依然不得要领。

第二次的审问，虽以黄得功一奏而暂时中止，但刘正宗等人却打算就此糊里糊涂定案，联名具奏，说"假冒是实"，并请方拱乾具名，方不肯，于是有三月十五日的第三次开审。这时把高梦箕、高成叔侄和穆虎亦都提到，决心办个"水落石出"。

主审的官员点名，首先就叫："王之明！"那"太子"的词锋极犀利，他说："何不叫'明之王'？"问官大怒，喝令动刑，把"太子"拉了下来，要上夹棍，"太子"狂喊："太祖！""皇考皇帝！"声彻内外。

夹了太子又夹高梦箕等人，因为在穆虎衣袋中搜出高成给他叔叔的信，内中有"或往楚或往闽"的话，"往闽"是投郑芝龙，"往楚"则是到武昌投宁南侯左良玉，而左拥重兵正扬言"清君侧"，更触犯了马士英、阮大铖的大忌，此时就必欲追究，到底往楚往闽，何人主使。

虽在刑讯之下，高梦箕等人并无确实的供词，再加严刑，非立毙堂下不可，于是陪审的大理寺官员葛亮，悄悄对刘正宗等人说："诸公自度朝廷的兵力，能不能声讨左良玉、郑芝龙的罪名，制江淮四镇的死命？如果不能，这样搞法，会激出变故！"这下提醒了刘正宗，急令松刑，仍旧送入狱中。

以上所记，大致据吴梅村《鹿樵记闻》的"两太子"篇。太子不可能有两个，有一真，便必有一假，所以能找出真的来，就可知另一个为假冒。孟心史先生在《明烈皇殉国后记》中下一断语：

今为较其踪迹，则北太子不能不信为真，即南太子自显其伪。夫欲以太子之名投南，犹为以明投明，可冀获福；若以投北，何所希望？且所投者为外祖之家，岂有不识太子，而贸然跪献酒食之理？长平公主又在周奎之家，公主与太子同岁，均为十六岁，非幼少无知，而相见哭泣，认识必确。此等情节，又出《东华录》，非故明遗老之传闻。后来周奎之出首，自缘求媚于新朝，忍负帝后。晋王由李自成自晋携来，本非生长宫中，虽属宗藩，未必能辨太子面貌，其不以不能辨为辞者，亦愿为新朝效"除患"之力耳。

这段话可以说是定论。至于"南太子"确为假冒，而其人则如杨维垣所说，果然是王之明。

诚如杨维垣所指，假冒为"南太子"的是王之明。《弘光实录钞》载有问官所上的“审词”。可知其来历：

审得王之明供称：年十八岁，三月十六日生，保定高阳县人。伯祖王昺，尚延庆公主。祖王晟，父王元纯，嫡母刘氏，生母徐氏，父母皆故。止有一妹，嫁与举人张廷录子问成。齐驸马之叔行四者，同陈洪范自南而北，故住之明之屋，语以南方乐土。之明买驴一头，随一仆王元出走，行至山东，王元逃失，邂逅穆虎及长班张应达，生员刘承裕，遂结伴同行。穆虎、张应达胁之明冒称皇太子。至南京，留梦箕家四日，随送汤溪潜住。

又供：武公名下一小内监教之明：皇后是周，东宫是田，西宫是袁。又与一单，细注历代祖宗，各省藩府，令之明牢记。又讯：“方讲官汝何故识之？”之明供：“有人语我，多髯而方冠者，方拱乾也。”臣等会看得王之明，即汉史所云夏阳男子假冒卫太子之故智也。

这篇“审词”，曾加刊刻，颁行天下，而天下臣民，见而愈疑。按：“卫太子”即汉武帝太子刘据，卫后所出，所以一称“卫太子”，获罪亡命，死后谥为“戾太子”。昭帝始元五年，有张延年其人假冒卫太子，形貌酷似，群臣震骇，独有隽不疑喝令拿捕，他认为即是真的太子，收捕了也不要紧。引春秋卫国蒯聩出奔，灵公崩后，太子辄即位，蒯聩想回国，太子辄不纳的典故，说卫太子得罪先帝，亡命出走，果真不死回来，亦是国家罪人。现在断王之明之狱，引用这个典故，无异表示，即令是真的太子，不能随先帝同殉社稷，亦是国家罪人。这可以看出刘正宗之流，根本就有“假也是假、真也是假”这个成见横亘在胸中。

我认为整个案子中，最可玩味的一点是，方拱乾的态度。他明明已看出“太子”是假冒，何以保持沉默？深入研究，可能出于两个原因。

第一，福王即位后的表现，令人异常失望；对阮大铖的复起，更是痛心疾首。方拱乾的沉默，乃是一种沉默的抗议，等于表示希望真太子出现，代替福王继承大统。

第二，可能是为了暗中支援左良玉。其时湖广总督何腾蛟、江楚总督袁从咸等，多不满南明处置“北来太子”的经过，纷纷上疏抗议，宁南侯一军的态度，尤其强硬，“传檄讨马士英”，南明诸臣，惶惶不安。而左良玉的“清君侧”，又与东林有关，所以方拱乾暗援左良玉，实在是站在东林一面，对抗阉党。

于此，我们不能不先谈一谈福王被立的经过及背景，其事相当复杂，而简洁扼要的列叙，莫如孟心史先生的《明代史》，引录如次：

崇祯十七年三月十九日，贼陷北都，帝后殉国。四月十二日凶闻至南京。时参赞机务南京兵部尚书史可法，督师勤王在浦口。诸大臣会议立君，仓猝未定。亲藩中，福王、潞王避兵在淮上，前侍郎钱谦益（等），入说兵部侍郎吕大器，言福王立，虑修衅“三案”，大器遂与都御史张慎言、詹事姜曰广，移牒可法，言福王伦序当立，而有七不可：曰贪、曰淫、曰酗酒、曰不孝、曰虐下、曰不读书、曰干预有司，潞王贤明当立。可法亦以为然。凤阳总督马士英潜与阮大铖计，议立福王，咨可法。可法以“七不可”告之。而士英已与黄得功、刘良佐、刘泽清、高杰，发兵送福王至仪真。于是可法等迎王，王名由崧，父常洵，以神宗爱子始封“福王”。

所谓“三案”，即“梃击”“红丸”“移宫”，皆与福王由崧的祖母即神宗宠妃郑贵妃有关。此三案造成东林与阉党的绝大冲突，在此三案中，郑贵妃扮演了反面的角色，而有阉党的援助。崇祯初办“逆案”，大捕阉党，此时如福王得立，则为她祖母“报仇”，一定要翻“三案”，于东林不利，所以钱谦益等人，不主张立福王。

不过，东林的动机虽不无私意，议论却颇为正大，福王的“七不可”，皆有实据。以“淫”而言，当福王被立，宫内日日演传奇，召秦淮妓女侍酒。明朝宫中的规矩，凡宫女被幸的，赐金凤钗一支，作为表记。有一天福王召集群臣看阮大铖所编的《燕子笺》，一剧未终，座中妓女已有五六个头上插了金凤钗，搔首弄姿，自鸣得意。福王的好色，于此可想。

福王在位一年，几乎可说无一善政。当时的人心士气，因崇祯的殉国而复有所激励，大事非不可为。但马、阮窃政，正人被残，诸忠尽斥，到底把明朝送了终。史阁部虽然精忠耿耿，但才具不过太平宰相，当危疑震撼之际，不能以非常的见识与魄力，应付非常的局面。当其时也，长江上游有左良玉，下游则史可法为重镇，如果他能联络左良玉，足以遏制马士英与高杰、刘泽清之流的野心。并且立福王之谋虽出于马、阮，成其事者实为史可法。《明史》本传：

士英与黄得功、刘良佐、刘泽清、高杰发兵送福王至仪真，于是可法等迎王。五月朔，王谒孝陵奉先殿，出居内守备府。群臣入朝，王色赧欲避，可法曰："王毋避，宜正受。"既朝议战守，可法曰："王宜素服郊次，发师北征，示天下以必报仇之战。"王唯唯。明日再朝，出议监国事，张慎言曰："国虚无人，可遂即大位。"可法曰："太子存亡未卜，倘南来若何？"诚意伯刘孔昭曰："今日既定，谁敢复更？"可法曰："徐之。"乃退。又明日，王监国，廷推阁臣，众举可法。高弘图、姜曰广、孔昭，攘臂欲并列。众以本朝无勋臣入阁例，遏之。孔昭勃然曰："即我不可，马士英何不可？"乃并推士英……士英旦夕冀入相，及（仍督师凤阳）命下，大怒，以可法"七不可书"奏之王，而拥兵入觐，拜表即行。可法遂请督师出镇淮扬。十五日，王即位，明日可法陛辞……士英即以是日入直。

由这一段记载看，史可法是当时众望所归的第一重臣，但是他的主张，没有一项实现！黄子澄愚而好自用，史可法则正好相反，心知善恶而善善不能用，恶恶不能去。福王初时犹自知"不似人君"，而史可法劝进。马士英入相愿虚，虽愤怒而无之何，谁知史可法懦弱怕事，节节退让，把宝贵的半壁河山，硬生生送入昏主奸臣手中。尤以自请"督师出镇淮扬"一举，真不明白他的本意何在。如果扬州守得好，犹有可说，事实上"扬州十日"的浩劫，充分说明了史可法究有几许将才！当时以为"秦桧留之在朝，李纲驱之在外"，且不说是被驱还是自请，至少史可法不能与李纲相比！而三百余年四月梅花，克享大名，真事之不可解者。

由于史可法的软弱无所作为，马、阮用事，一片败象，在上游的督抚，大为不满。尤以左良玉雄居武昌，军容甚盛，为马、阮所畏忌，防左军甚于防清兵，此又何得不反?《明史》二百七十三本传:

李自成败于关门（按：指吴三桂引清兵入关，败李于“一片石”），良玉得以其间，稍复楚西境之荆州、德安、承天，而湖广巡抚何腾蛟，及总督袁继咸居江西，皆与良玉善，南都倚为屏障。良玉兵八十万，号百万，前五营为亲军，后五营为降军，每春秋走兵武昌诸山，一山帜一色，山谷为满。军法用两人夹马驰，曰“过对”，马足动地，殷如雷声，闻数里。诸镇兵惟高杰最强，不及良玉远甚。……良玉之起由侯恂，恂故东林也。马士英、阮大铖用事，虑东林倚良玉为难，谩语修好，而阴忌之，筑板矶城为西防，良玉叹曰：“今西何所防？殆防我耳！”会朝事日非，监军御史黄澍挟良玉势，而触马、阮。既返，遣缇骑逮澍，良玉留澍不遣。澍与诸将日以“清君侧”为请，良玉踌躇弗应。亡何，有“北来太子”事，澍借此激众，以报己怨，召三十六营大将与之盟，良玉反意乃决。

按：侯恂就是侯方域的父亲，有恩于左良玉。据侯方域《宁南侯传》，左良玉在辽东任都司，曾犯盗劫，而错劫了锦州的军装，本来罪当斩首，幸有同犯丘磊独自承担，得以免死。后来他因为失了官职，到昌平投靠侯恂，侯恂很赏识他，不断提升，直至总兵官。（引自“文光”版《桃花扇》注）

《桃花扇》第十出“修札”、第十一出“投辕”记左良玉内犯，马士英托杨文骢出面，求得侯方域以他父亲名义致左良玉的一封信，由柳敬亭赴武昌投递，希望退兵。《桃花扇》号称于南明史事，无不相符，而柳敬亭为宁南侯的上客，则有吴梅村的《楚两生行》可证，因此，在当时可能有此“修札”“投辕”的插曲。但柳敬亭一番游戏舌辩，而有第十三出“哭主”，以内犯之师，勤王北上，则与正史记载有所不同。

按：善说书的柳敬亭为左良玉的清客。吴梅村《柳敬亭传》：

良玉奉诏守楚，驻皖城待发，守皖者杜将军宏域……会两人用军，事不相中，念非生（按：指柳敬亭）莫能解者，乃檄生至，进之左。以为此天下辩士，欲以观其能，帐下用长刀遮客，引就席，坐客咸震慑失次。生拜讫索酒，诙谐调笑，旁若无人。左大惊，自以为得生晚也。

据此可知柳敬亭善于排难解纷，为左良玉所重。但据《楚两生行》序，左良玉自武昌发兵时，柳敬亭已“先期东下”，并不在军中，自更无劝左勤王之事。

“讨马”之役，左良玉全军尽出，自汉口至蕲川，火光接天，顺流东下到了九江，总督袁继咸到船上相见，忽然城内火起，他的侍从向左报告，说是袁继咸的部队烧杀反叛。事后左才知道是他的部将干的好事，自觉对不起袁继咸，大为悔恨。他原已老病侵寻，经此刺激，当夜呕血数升而死。《明史》本传：

良玉死，诸将推其子梦庚为“留侯”，军东下。朝命黄得功渡江防剿。时大清兵已下泗州，逼仪真矣！梦庚遂以众降于九江。

左梦庚的投降，为当时仁人志士所痛心疾首。吴梅村诗：

忆昔将军正全盛，江楼高会夸名胜；生来索酒便长歌，中天明月军声静。将军听罢据胡床，抚髀百战今衰病；一朝身死竖降幡，貔貅散尽无横阵。

此即叙左良玉开府武昌，以及柳敬亭初见左良玉的经过，而“一朝身死竖降幡，貔貅散尽无横阵”，乃深致慨于梦庚不能继父之志。

研究当时东林诸君子的心理，马、阮猖狂，而史可法无用，此时寄望于左良玉者甚深。黄澍的力请“清君侧”，显然是得到东林支持的，照实际情形看，亦非改组整个朝局不能谈恢复中原。福王继位原为权宜之计，但要废掉他，只有期望真的太子到来，因而明知可疑，亦不能不借此作一番文章。方拱乾知而不言，是因为不能言，一旦说破“太子”是假，左良玉一军“兴晋阳之甲”便是师出无名了。

南明这一幕闹剧，随清兵的南下结束。多尔衮于前一年的六月与诸王大臣定议建都，遣使到盛京也就是现在的沈阳，迎接世祖入关，九月十九日自正阳门入宫，即皇帝位。十月底命豫亲王多铎为定国大将军，进取江南；英亲王阿济格为靖远大将军，西讨李自成。这两个人与多尔衮同母，阿济格是他的哥哥，多铎是他的弟弟。

多铎的军事行动是先肃清大河南北的流寇，然后移师江南，一路势如破竹，于顺治二年四月十八到扬州，劝史可法投降，不从。于是从四月二十五直到端午，有“扬州十日”之惨，史可法殉难，但其过程有三种说法：一种如正史所说，“不屈见杀”；一种是“沉江”，出于《桃花扇》：

【锦缠道】（外扮史可法，毡笠急上）（回头望介）望烽烟，杀气重，扬州沸喧，生灵尽席卷，这屠戮皆因我愚忠不转。兵和将，力竭气喘。（白）俺史可法率三千子弟，死守扬州，哪知力尽粮绝，外援不至。北兵今夜攻破北城，俺已满拼自尽，忽然想起明朝三百年社稷，只靠俺一身撑持，岂可效无益之死，舍孤立之君？故此缒下南城，直奔仪真，幸遇一只报船，渡过江来……

等渡过江，才知福王和马、阮等人已经逃走，于是：

【普天乐】撇下俺断篷船，丢下俺无家犬，叫天呼地千百遍，归无路，进又难前。那滚滚雪浪拍天，流不尽湘累怨。（白）有了，有了，那便是俺葬身之地……

按：《桃花扇》叙事务求真实，则此“沉江”一说，自系记述当时的传闻，不可视作孔尚任个人的想象。

再有一说是史可法自求“办一死”，见于王渔洋的笔记。顺治十四年丁酉科场案，刑部主审的官员叫安珠瑚，他曾随多铎下江南，知道史可法的下落。安珠瑚后来在宁古塔做副都统。丁酉科场案中受冤的吴汉槎，在被捕时颇得安珠瑚的照应，此时异地重逢，结成知己。当康熙二十年，由于纳兰的营救，吴汉槎得以赦还，此时安珠瑚已升任吉林将军，吴汉槎路过时，安珠瑚特为告知其事。

王渔洋的《池北偶谈》是这样说的：

康熙二十年，吴江吴汉槎自宁古塔归京师，驻防将军安某者，老将也，语之曰："子归可语史馆诸君，昔王师下江南破扬州时，吾在行间，亲见城破时，一官人戴巾衣氅，骑一驴诣军营，自云：'我史阁部也。'亲王引与坐，劝之降，以洪承畴为比。史但摇首云：'我此来只办一死，但虑死不明白耳。'王百方劝谕，终不从，乃就死。此吾所目击者，史书不可屈却此人云。"

按：此"驻防将军安某"即安珠瑚，看他郑重嘱咐吴汉槎的语气，可知当时民间对史可法之死，必有异闻。主要的原因是，史可法的尸首始终没有找到。当"扬州十日"时，清兵无纪律可言，而且语言不通，史可法被杀后，无人料理，黄梅天气的烈日大雨之下，尸首腐烂，事定已不可复办，所以扬州梅花岭的史墓，只是衣冠冢。

清朝修明史，在康熙十八年特开"博学鸿词"以后，"史馆诸君"颇多吴汉槎的旧识，安珠瑚的话，他必已转告，而《明史·史可法传》并无自诣军营见豫王的话，此或者因为豫王既杀史可法，不能以礼葬，会受后人的批评；或者嫌史可法不能奋起杀敌，死得不够壮烈，所以隐去，亦未可知。总之，以安珠瑚的为人，可以断其必不妄言，只可惜这条史料经过两道手，不能认为百分之百可靠。

在扬州的清兵，屠城以后于端午节前“封刀”。过节那天，清兵渡江，郑鸿逵的水师溃败，于是镇江沦陷，清兵由丹阳、句容直扑南京。

福王是在五月初十逃掉的。第二天马士英也一走了之。其间有许多丑态，先看《桃花扇》描写马士英“逃难”：

【香柳娘】报长江锁开，报长江锁开，石头将坏，高官贱卖没人买。（白）下官马士英，五更进朝，才知圣上潜逃，俺为臣的，也只得偷溜了。（接唱）快微服早渡，快微服早渡，走出鸡鹅街，提防仇人害。（倒指介）那一队娇娆，十车细软，便是俺的薄薄宦囊，不要叫仇家抢夺了去。（唱）要随身紧带，要随身紧带，殉棺货财，贴皮恩爱。

马士英逃难的行列中除了细软、姬妾以外，还有福王的生母在内，由他的亲军四百贵州兵保护，走浙江，经安徽广德，知州赵景和恐其中有诈，闭城不纳。马士英攻破城门，杀了知州，然后放了一遍抢，往杭州而去。由于有福王母妃在内，杭州的地方官以总兵府为行宫，这样算是暂时安顿了下来。

不多几天，阮大铖和兵部侍郎朱大典，以及马士英的同乡严州总兵方国安，也仓皇逃到杭州，这时才知道黄得功兵败，福王为清兵所擒——福王逃难之日，犹在演戏。《清史稿补编·南明纪》：

（己酉五月）初十日，都门尽闭，大风猛雨，午后犹集梨园入内演戏，帝与群小杂坐酣饮。时日将晡，帝计无所出，召内臣韩赞周问策，赞周曰："此番势既汹汹，我兵单力弱，战、守、和无一可者。不若御驾亲征，济则可以保社稷，不济亦可以全身。"帝然之。二鼓，乃与屈、张二阉，单骑从通济门出，奔黄得功营。得功方与左兵战，闻之即归营，向泣曰："陛下死守京城，臣等犹可借势作事，奈何听奸人之言轻出，进退将何所据？此陛下自误，非臣等误陛下也。臣营薄弱如此，其何以处陛下哉？"

福王在黄得功营中住了两天，阮大铖他们得信赶到了。前方危险，且黄得功已有无法保护的表示，于是"君臣"商议，改投太平府。刘孔昭以当时未能入阁，犹有余憾，飨以闭门羹；因而改投芜湖，总兵黄斌卿一看是"祸水"来了，逃之夭夭，这才决定转往浙江。

其时江淮四镇，高杰为许定国所杀，刘泽清入海，刘良佐投降，只有黄得功孤军撑持。刘良佐投降后自请擒福王赎罪，追到了福王，又去招降黄得功。黄隔河大骂，刘良佐伏弩突发，正中黄得功咽喉，自知无能为矣，回营拔剑自刎。四镇中唯此人忠义激烈，但竟受马士英的命令，与左良玉为敌，此则史可法不善调护之过。

福王于五月十五日回南京，以无幔小轿入城，头上包块布，身穿蓝布衣服，自知羞见百姓，以油纸扇遮面，但老百姓恨极了他，夹路唾骂，投以瓦砾。

只逃了五天的难，福王依旧回到了南京，但身份已有云泥之判。

当福王及马士英逃走的消息一传出，南京城内大乱，勋臣忻城伯赵之龙关闭城门，准备投清。老百姓大杀马士英的部下。到了午后，有个姓赵的监生领着一群人打开监狱，把“太子”放了出来，拥入宫中，登殿鸣钟，文武百官不知是怎么回事，都不敢出门。王之明就在百姓“拥立”之下，成为“明之王”。副都御史杨维垣是首先揭发王之明真姓名的人，怕他报复，吓得上了吊，两妾相殉。南明殉难诸臣的名单中，有杨维垣的名字，认为他虽出身阉党，但紧要关头，不亏大节，犹有可称，其实他的死因是如此。

就在这天，豫王到南京，赵之龙挟王之明投降，福王亦到，降王的地位反在假太子之下。《南明纪》：

（弘光帝即福王）见豫王叩头，豫王坐受之，命设酒于灵璧侯府，坐帝于“太子”下，赵之龙暨礼部八人侍宴，唤乐户二十八人欢唱饮酒。席中豫王问帝曰：“汝先帝自有子，汝不奉遗诏，擅自称尊，何为？”又曰：“汝既擅立，不遣一兵讨贼，于义何居？”又曰：“先帝遗体，止有太子，逃难远来，汝既不让位，又辗转磨灭，何为？”帝不答。……席散，拘于江宁县，帝嘻笑自若，但问马士英奸臣何在？豫王令帝旧臣一一往视，诸臣见故主，皆伏地流涕，王铎独直立，戟手数其罪恶，且曰：“余非尔臣，安所得拜？”遂攘臂呼叱而去。

按：王铎是南明的东阁大学士，他曾为福王写了一副集句的对联，公然悬于殿廷：“万事不如杯在手，人生几见月当头。”可知虽为“宰相”，实同“帮闲”，而此时居然“攘臂呼叱”，倒不如“伏地痛哭不能起”的钱谦益，虽皆为贰臣，毕竟有所不同。

不久清兵挟福王及王之明到杭州，潞王出降。其年九月，豫王班师，福、潞两王及王之明，相随北去。第二年五月福王为清所杀。在福建的隆武帝为福王遥上尊号，曰“圣安皇帝”；桂王永历十一年，上谥曰“简皇帝”，庙号“安宗”，但这些尊号不为史家所承认，多称为弘光帝或福王。

当清兵将到杭州时，马士英先期开溜，渡江到绍兴投监国的鲁王。鲁王左右不欢迎他，如是辗转浙东各地，每为百姓所驱逐，最后到了他的同乡总兵方国安军营里，与阮大铖相遇。阮犹掀髯谈兵，马则以恶事多出于阮，而恶名多归于己，所以对阮颇见怨恨。及至清兵渡江进迫，马士英逃入天台山最终被杀，阮大铖则投降了清朝。

阮在阉党中有个关系极密切的朋友冯铨，冯是河北涿州人，以阉党巨擘而为《贰臣传》中的重要人物。阮大铖靠他的力量，得为“军前内院”，从征立功。其时勒克德浑已代豫王多铎领兵，阮大铖在他军中以婢妾之道事清将的穷形极相，真是叹为观止。《藏山阁文存》卷六“阮髯事实”记：

是时北兵所过，野无青草，诸内院及从征官，无从得食，大铖所至，必罗列肥鲜，邀诸公大畅其口腹，争讶曰：“此何处得来？”则应曰：“小小运筹耳。吾之用兵，不可测度，盖不啻此矣！”其中有黑内院者，满人，喜文墨，大铖教以声偶，令作诗，才得押韵协律，即拊掌击节，赞赏其佳。黑大悦，情好日笃。诸公因闻其有《春灯谜》《燕子笺》诸剧本，问能自度曲否？即起执板顿足高唱，以侑诸公酒。诸公北人，不省吴音，乃改唱弋阳腔，始点头称善，皆叹曰："阮公真才子也。"每夜坐诸公就内谈，听者倦，既寐有鼾声，乃出。遍历诸帐皆如是。诘朝天未明，又已入坐帐中，聒而与之语，或诵其枕上诗。诸公劳顿之余，不堪其扰，皆劝曰："公精神异人，盍少睡一休息。"大铖曰："吾生平不知倦欲休。六十年犹一日也。"及诸公起，鼎烹悉除，复人人餍饫，盖须饬厨人以夜备矣。

他这样一面刻意奉承，一面示人以既老益壮，目的是在福建巡抚一职。无奈年岁不饶人，兵次衢州，脸忽然肿了，其时虽还不了解这是心脏病的征象，但面肿必有病是知道的，于是大家好意劝他在衢州暂住，等过了仙霞岭攻下建宁，再来接他。

哪知阮大铖一听这话，大惊失色，以为有人故意破坏，不让他随军入闽。

阮大铖说："我虽年已六十，还能骑劣马，挽强弓，从不知什么叫生病。这一定是东林和复社的人中伤我。我的仇人多，愿诸公勿听。"大家越劝他越疑心，最后逼出一问："福建巡抚眼看已在我掌握之中，诸公必不许随军入闽建功，是不是不想教我当福建巡抚？"

这一说，大家便都劝他"不必多心"，随他夹在先锋队伍中，由衢州南下渡仙霞岭，岭上有关隘，叫作枫岭关，大家下马休息，只有阮大铖不服老，左手牵马，右手指着大家说："你们看我鼓勇先登！"说完，跃身上马，加上两鞭直奔关口。

其余的人休息已足，策马缓缓上岭，到了关前只见阮大铖的马拖着缰绳在吃草。他自己坐在一块大石上喘气，等喘息已定，叫他不应。有个清将开玩笑，在马上用皮马鞭绕住他的小辫子往上拉，阮大铖身体仆倒，众人才发觉他已经断气。中国历史上臭名昭彰的一个有才无行的卑鄙小人，就此侥幸逃脱了刑戮，伏了天诛。

现在再谈“北太子”的结局。南北两太子，初起之时，各以为真，在北者说北太子为真，在南者说南太子为真，但之后真相逐渐明了，而犹各言其真者，自是一种民心不忘故主的具体表现。在南方，首先知道北太子为真太子者，是史可法。他曾接到由南明遣派北上议和的使臣左懋第的报告，抄传摄政贴的告示一纸，说是“有妄人自称明朝太子”如何如何，最后武断地说：“实非真也！为此合行晓谕，若太子避迹民间，即来投见，以便恩养。”当然，左懋第另有详细叙述，密告北太子为真。随后又有北方来人告诉史可法：“摄政将认太子诸人皆杀死，百姓不平，集内院之前而噪。摄政又将谢升杀死，以谢百姓。”这一段话说谢升已死并不错，但不是为多尔衮所杀。

据戴名世《南山集》，清朝以真太子为伪，其谋皆出于谢升。谢是山东德州人，崇祯中位至宰相，予告家居，弘光时授职为“上柱国少师兼太子太傅礼部尚书”，但其时谢升已经往北投清，受职为“建极殿大学士管吏部”，“共理机务”，为取媚新朝，明知其真，方证为假，为钱凤览所斥。及至钱凤览被杀，谢升不久亦得病——不知是什么病，只是病状之一是“颈渐肿”。

据吴梅村《鹿樵纪闻》的记载，钱凤览于顺治二年正月受绞刑而死。不久，谢升早朝出宫，在路上忽然遇到“钱凤览”，惊而得病，颈项日肿，临死之前只是喊：“钱先生饶我！”这段谢升见鬼的传说，散播得很广，足以看出当时的民心，对钱如何同情，对谢如何深恶痛绝。但也就因为有此传说，反而不得使北太子多活几日。当时各地小规模的反清复明运动此起彼落，层出不穷，大都奉一年轻男子为“明太子”，以资号召。多尔衮就在某一件“平乱”的案子中，把北太子与被捕的“乱民”一起杀掉了。

南北“两太子”既死，始有“朱三太子”的名号。依照老百姓的想法，崇祯太子被杀，而次子早夭，则伦序以皇三子为长，加上“太子”的尊号，而又明标其姓为朱，正所以表示不忘故主，别有遵奉者在。于是仁人义士反清，亦就必奉“朱三太子”的名义，始能产生号召的力量。

清朝自康熙十二年以后，屡屡破获“朱三太子案”，因为其时崇祯还有两子即皇三子定王慈炯、皇四子永王慈炤在民间。而顺治初年处理此案，湮没了许多事实，所以真相益加隐晦，情况益加复杂，清廷疑神疑鬼，处置务必从严，以期无所漏网。这样扰攘了数十年，必欲得积年传诸人口的三太子而甘心，于是而有“张先生案”，确确实实是皇四子永王慈炤，事发于康熙七年，距崇祯甲申已六十五年了。

这重公案的发现，孟心史先生曾为长文考证其事。秘密的揭开，得力于辛亥革命起后，有位傅先生在吉林获得一个手抄本，题名“张先生传”，作者为清初李方远，他与“张先生”相交二十五年，到案发始知“张先生”的真面目。李方远因案牵连，充军到吉林，于戍所著成此篇，是从未发表过的“海内孤本”，且是第一手的从未为人所知的史料，就学术的观点来说，异常珍贵。

傅先生有个朋友叫魏声龢，民国初年宦游吉林，写了一部笔记名叫《鸡林旧闻录》，将《张先生传》全文收入《录》内。孟先生即据此考证其事，底蕴尽出。《张先生传》即使在清朝刊行，亦必成禁书。当时人对当时事，有时反不比后人知道得清楚，即因有许多“时讳”之故。建文帝的真相，清人比明人知道得多；崇祯的真假太子及所谓“朱三太子”，我们比清人知道得多。这就是读史的最大趣味。

据《鸡林旧闻录》所载《张先生传》，李方远大概是山东人，康熙二十二年春天，在一次应酬中，得遇张先生，看他仪表文雅，议论风生，颇有好感，因而私下向主人询问他的来历。

主人姓路，告诉李方远说：“姓张，号潜斋，是浙江的名士。学问渊博，写作俱优，而且工音律，下得很好的一手围棋。现在在张家教书。”而张先生似乎跟李方远也有缘，在宾朋杂坐，觥筹交错中，独独跟李接近，情意殷殷，一见如故。

过了两天，张先生便来拜访李方远，送了他一把自己题了诗的白绫团扇，正式订交。如是诗酒往来有半年多的工夫，一天，张先生忽然向李方远说：“我要搭船到南边去一趟，大概两个月就可以回来，特来辞行。舍间还有几口人，柴米出自东家，菜钱每个月要一千文钱，不能不为知己告。”

这是告贷的意思，李方远一口答应，以后按月送一千文钱到张家。这样又过了有半年多，不见张先生回来，但李方远却要出远门了，他到山西办完了私事，随即转往京城，准备参加康熙二十四年乙丑科的会试。这一次会试大概不曾中进士，回到山东后，才听说张先生已举家回到南边去了。

其间不通音问者十年。那时李方远想是中了进士，榜下即用，补了河北饶阳县知县，兼署平山县。其时为康熙三十五年，圣祖亲征噶尔丹，饶阳为大军所经，李方远备办两县军需，忙得不可开交，张先生却又到了饶阳来访故人。李方远没有工夫跟他叙旧，送了他一笔程仪，匆匆又别。

这样又过了十年，在康熙四十五年冬天，李方远正辞官家居，而张先生忽然带了他的两个儿子登门造访。据他说："江南连年水灾，米贵如金，不得已到山东来，在他门人张岱霖家吃口闲饭。长此以往，不是办法，请为荐一个'馆'，聊以糊口。"

教书先生都是隔年聘定，差不多的人家，西席都已定局。李方远考虑了一下答复他说："我有几个孙子，都是蒙童，如果你不嫌屈就，那就住在我这里。"

张先生欣然同意。住在李家时，有时也到张家去，大概总住个十天左右，便即归来。

短期勾留，旋即归来的原因，据张先生表示，是"师弟间不便笑谈"，李方远也就深信不疑。

康熙四十七年四月初三，张李二人正在书房里下围棋，忽然当地的张知县与一个姓高的同知率领兵丁差役，包围了李家，把张先生父子及李方远一起锁拿，星夜解到济南的山东巡抚衙门。

先审李方远，在后堂会审，巡抚赵世显居中而坐，左右是藩、臬两司，此外再无任何人，关防极其严密。赵巡抚与李方远的问答如下：

问：你是李方远，曾做过饶阳知县吗?

答：是。

问：你既读书做官，当然知道天理国法，为何窝藏朱慈炤，图谋不轨?

答：我闭门读书，门外之事亦不与闻。不晓得什么人叫朱慈炤，也从不敢做犯法的事。

问：你家的教书先生是什么人?

答：教书先生叫张用观，是南方人，二十年前他在东平州张家坐馆，我跟他才认识。到了前年十二月，他们父子来看我，要我一定设法替他寻个馆好糊口。我有几个孙子，便请他教，至于朱慈炤不法之事，我并不晓得。

问：他在南方姓王，山东姓张，你不知道吗?

答：丝毫不知。

这时把张先生父子提堂，赵巡抚问他："你是什么人？"

张先生答道："我是先明朝皇子朱慈炤，原封永王，事到如今，不得不实说了。"

赵巡抚又问："你何以在浙江呢？"

于是朱慈炤自陈流离经过，他说崇祯十七年流寇围困京城，崇祯帝把他交给一个姓王的太监，设法藏匿在民间。城一破，王太监把他献给了李闯，李闯把他交给了"杜将军"。不久，吴三桂同清兵击败流寇，因而各自逃散。李闯部下有个"毛将军"把他带到河南，置田买牛，种了一年多的地。因为清朝查捕流寇余孽，风声甚紧，“毛将军”便抛下他只管自己逃掉了。

这时朱慈炤十三岁，一个人往南走，由河南往安徽，到了老家凤阳，遇见一个姓王的老乡绅，此人在崇祯朝做过御史，细问其根由，执手悲泣。朱慈炤便改姓王，留在了王家。

在王家，朱慈炤与王乡绅的儿子一起读书，到了十八岁，王乡绅病故，他亦离开了王家。渡江而南，举目无亲，孤苦无告，一念心灰，削发为僧，云游到了浙江，在一座古刹挂单。

在那里他遇见一个姓胡的余姚人，是官宦的后裔，偶尔跟他谈论诗文，大为诧异，说：“你有如此才学，为何流于空门？”于是把他带回余姚，劝他还俗，后来又把女儿嫁了他。这就是他姓王并成为浙江人的由来。

听了他这番供词，赵巡抚告诉他：“现在江南有两处叛逆案，都说扶你为君，恢复明朝。你要到浙江去对质。”

这天是四月初六，赵巡抚备齐供词公文，派出四员差官，统领马步兵丁数百人，将朱慈炤父子及李方远解送浙江。四月十四日到淮安，换车乘舟，沿运河南下，一路护送的战船水师比陆路又加了几倍。

四月二十二日至杭州，在贡院开审。问官一共六个：钦差大臣礼部侍郎穆旦、杭州将军、两江总督邵穆布、闽浙总督梁鼐、江苏巡抚于准、浙江巡抚王然。堂上问朱慈炤：“朝廷待你不薄，你何故谋反？”

“我数十年来，易名改姓，就是希望避祸。”又道，“今上有三大恩于前朝，我感戴不忘，何尝谋反？”

“哪三大恩？”

“第一，流贼乱我国家，今上诛灭流贼，与我家报仇。第二，凡我先朝子孙，从不杀害。第三，我家祖宗坟墓，今上躬行祭奠。况且我今年七十五岁，血气已衰，鬓眉皆白，在三藩之乱时不谋反，何以现在天下清宁之时倒来谋反？再说所谓谋反，一定要占据城池、积草屯粮、招军买马、打造盔甲，这些，哪一件我曾做过？我因为年荒米贵，在山东教书度日，那里是南北来往的车道，而且离京师甚近，在这种耳目昭彰之地，还敢有谋反的事吗？”

“你强辩！现有大岚山的叛贼张某，说保你为主，这就是你谋反的证据。”

于是把那个张某带上堂，指着朱、李两人问他，谁是朱慈炤？张某看了半天，说都不认识，根本也没有见过朱某，只不过借他的名义，以为号召而已。

于是又问李方远：“他在你家两年，你岂有不知情的？从实说来！”

李方远答道：“他在我家，不过是西宾朋友，我曾做过朝廷命官，先人受过诰封，朋友重呢，还是君父重？我虽不知轻重，也知利害。我如果知情，一定把他藏在深山幽谷，岂有仍旧让他住在我家，门临官道，而且与城市亲友饮酒作诗之理？人虽至愚，不至于此。”

“你说饮酒作诗，都是些什么人？”

李方远怕株连亲友，急忙说道：“我尚不知情，何况别人？在东平、汶上的读书人，求他写斗方、扇面的，不止一人，大人体皇上好生之心，想来不肯波及无辜之士。而况山东离浙江三千里，南方的事，如何知道？”

杭州的审问到此暂时告一段落。钦差穆旦吩咐浙江臬司，说这两个人都不是强盗，应加善待，可以将狱神庙收拾干净让他们住，派官看守。

朱、李二人住在浙江按察使监狱的狱神庙，颇受优待，看守的官员对他们相当尊敬，每天饮酒、作诗、下棋、看书，几乎忘却身在囹圄。

这样过了一个多月，山东东平府的张某，也就是朱慈炤的学生被解到杭州，恢复审问。张某说李方远当知县时，朱在他任上当幕友。当庭对质，张某语塞。

堂上便又问朱慈炤说："你认得这个张某吗？"

朱慈炤说："他是我的学生，跟我读过好几年书，怎么不认得他？"

受业的弟子告先生，堂上大怒，将张某严刑究讯。不久，又由江苏解到一个和尚，这和尚素行不端，曾铸印，伪造定王符札，散给乡愚，煽惑作乱。等提朱慈炤上堂对质，那和尚也说不认识他。

照这样说，朱慈炤应可辩白无辜，只是他与贼党叶氏，义结金兰，并为亲戚，难免嫌疑，而且朱亦不是绝对谨密的人，有时藏头露尾，难免招祸，但当时江、浙两大叛乱案，跟他实在没有关系。

朱在杭州又关了些日子，京里的公事下来了，这样判决："朱某虽无谋反之事，未尝无谋反之心，应拟大辟，以息乱阶。细询李某，坚供不知情，正在伊家捉获，且住有年余，说不得不知情。合以知情而不自首之例，流徙三千里。"

以上为李方远的自叙，时为康熙四十九年，为其充军到关外的两年之后。李的笔下极谨严，凡所叙及朱慈炤者，都为他的目睹，着墨虽不多，对朱慈炤的刻画，却颇能传神。

关于李方远所叙不足的部分，孟心史先生找到了当时直隶巡抚赵弘燮的三个密折，可加以补充。这三个折子中。录有单独审问朱慈炤父子的供词。也就因为他自己在供词中所提到的情形，确非外间所能臆造，所以能证明他确是崇祯的“皇四子”。

现在先说他的家属。朱慈炤在被捕的那一年，有一妻一妾，五个儿子，三个女儿，一个儿媳妇。他一共生了六个儿子，老三早夭，尚存五子，他们的名字是：和㙈、和㘽、和𡈼、和在、和堃。“㙈”为古“尧”字；“㘽”为古“封”字；“𡈼”非中画长、下画短的“壬”字，而是中画短、下画长，此字音“挺”，加上“在”和“堃”，可以看出他们弟兄的名字的下一字中，各有一个“土”字。

我记得以前谈过明朝皇子取名的规矩，现在再录《明史·诸王表序》如下：

太祖定诸王府子孙字辈，燕府后为帝系，曰：“高瞻祁见祐，厚载翊常由，慈和怡伯仲，简靖迪先猷。”

第二字则以木、火、土、金、水五字偏旁递转，崇祯帝为“由”字辈，下一字用木旁，则下一代“慈”字辈，应用火旁，所以皇四子名慈炤。“慈”字辈下一代为“和”字辈，偏旁用“土”，由此可见朱慈炤为诸子取名犹依家法。此非任何人所能假冒，亦非任何人所能想到，是为

"张先生"即"朱慈炤"的铁证。

朱慈炤的书读得不坏，但读书人最大最好的出路是做官，其次是游幕，这两条路在他都不肯走，也不能走，那就只好以"坐馆"为生。而他教人读书，又不是教猎取功名的八股文——因为他不肯应试做清朝的官，可能他自己也没有读过八股文，这样就不可能有很阔的门生。同时他为了避祸，必须多方隐藏身世真相，所以亦没有办法定居一地，建立起广泛的人事关系。这种先天上的限制，使得他的谋生之道，狭小艰困，真所谓苟且偷生，实在可怜得很。

因此朱慈炤的生活中，有个很特殊而近似"没出息"的情况，那就是在交游之中，极力争取他人的好感，随时注意忠厚、慷慨、比较富有的陌生人，殷勤结交，以期在必要时取得庇护或者经济上的助力，李方远就是这样受了无妄之灾的。古稀之年，荷戈万里，固为人间惨事，但古往今来，芸芸众生，今日的读者，独知有一小小知县李方远，曾有如此罕见的奇遇，衡诸"人死留名，豹死留皮"的俗语，则当时一番忠厚，实在也应该说是获得了很好的报酬。

当朱慈炤在李方远家被捕时，曾由主管地区治安的济南府同知先作单独审问，所供的一切，大多为李方远自叙所未载，有择要摘录，并加解释的必要：

问"张姓人"：今江南俞祥麟说你姓朱，改姓王，人都叫你王老先生，你将真名、真姓从实供来。（按：俞祥麟是安徽舒城人，只知与朱慈炤的关系很深，但不知是何关系，可能与慈炤长子为同窗。他先在安徽被捕，供出在东平府汶上县见过朱慈炤，知朱在李家处馆，于是由安徽移咨山东密拿。）

据供：我原姓朱，是明朝后裔，排行第四，名叫慈炤。我二哥哥早死了。我与三哥哥同岁，自十岁上就离开。传闻说，我三哥哥是甲戌年死的。他有儿无儿，我不知道。（按："我与三哥哥同岁，自十岁上就离开了"二语，恐录供有误，皇三子慈焗比慈炤大一岁，皇子照例于十岁受封，既封以后，自有师保教养，不得如同在母妃膝下时，朝夕相见，所谓"十岁上离开"，似应如此解释。又按："甲戌"为康熙三十三年，据朱慈炤所供，则五十年间，弟兄尚通音问，而亦果有"朱三太子"流落民间。清圣祖既获朱慈炤，并不再追朱慈焗，因为民间只知有个"朱三太子"，处置了朱慈炤，便是打倒了一个偶像；倘或再追朱慈焗，则一朱三太子以外，又出一朱三太子，岂非庸人自扰？在这些地方，可以看出清圣祖的政治手腕的高明。）

又问：你有几个儿子？家口如今都在何处？

又供：有六个儿子……还有三个女儿，一妻、一妾、一个大儿媳，俱吊死了。（按：朱慈炤的眷属移住浙江长兴县避祸，逻者到门，女眷恐受辱而自尽。）

接前供：大儿、四儿在先出来，原在舒城读过书。后来我到李朋来家，是四儿先来。后来大儿到来寻董载臣，因董先生死了，也不曾往曹县去。（按：朱慈炤谈此一节行踪，有简略之处，当与其长子及李方远的供词合看，始能清楚。当时的情况是如此，老大、老四在四十五年七月以前，先自浙江镇海到安徽舒城访俞祥麟，原意大概是由老大觅一个馆地糊口，顺便教十九岁的老四读书。七月间朱慈炤设法移家长兴后，北上山东，先住在他那姓张的学生家，及至老大在舒城所谋不遂，先遣老四到东平川依父，接着他自己也到了。父子三人恃张家为生，他那学生天性甚薄，当然不会有好脸色，不得已改投李方远。不久，老大又到河南仪封县访友人或同窗，捐纳中书周伯章，此行的目的，大致也是为了谋生。周家派人到山东曹县去请他的老师董载臣，董的儿子董琅回信说他父亲已经故世，于是老大又回东平。东平到曹州不远，而必先折往河南再派人到曹县去请董，其中的曲折，已无法明了。总而言之，身份特殊，便平费多少周折，此正见得常人所享的自由之可贵。）

接前供：去年夏天，大儿曾往宣化府西宁县李宾阳家去过。到了冬天，又到李朋来家，才留他训蒙。别的相与的人，还有知道几分儿底里的，唯李朋来他并不知道底里，连我姓王他也不知道，我在嘉兴府称姓王，他们原先叫我是王老先生。到了山东，只说姓张。（按："去年"是指康熙四十六年，这年五月，老大自李家动身到京城，至李宾阳家所开的三元当铺相访，李宾阳仍在原籍，于是再转往西宁，与李盘桓了十几天，再回李家，接替他父亲教李方远几个小孙子的书。李家既在京师开当铺，自系富户，则老大此行，可能亦是有所告贷。）

接前供：那李宾阳、王云开、周伯章，都是我儿子的相与，我并不认得。（按：老大有好几个化名，最初叫王益，字孟发。到山东改为张益。老四名为张挺。四十五年大概拿捕的风声甚紧，董载臣嘱老大再改名王正，字子则。周伯章和李宾阳是老大的好朋友。王云开是商丘县的。此外还有山东曹县的石氏兄弟，与老大是同窗。交往比较密切的，不过此数人，都约略知道他姓朱，却也都不曾说破。）

又问：外边这些人行不法的事，你有知道的吗？从实供来！（按：所谓“行不法的事”，自是指奉朱三太子的名义“谋反”。孟心史先生指出：“《东华录》自康熙十二年始，屡破获朱三太子干连犯案，多不胜载。”如所引《东华录》康熙十八年事：“十二月甲戌，定远平寇大将军、安亲王岳乐奏擒获伪太子朱慈炯，或在军前正法，或解送京师。上谕：‘朕以此事问之在内旧太监，据云：彼时朱慈炯年甚小，必不能逸出，大约是假。朕思历年已久，至今始出，自然近伪，但事迹未明，不便即在军前完结，今王不日回京，可将朱慈炯带来，俟到日请旨定夺。’”又《清宗室王公传》记岳乐受命平三藩之乱：“十九年三月凯旋，俘明伪太子朱慈炯以来。”下狱后“拟凌迟如律，诏并改为处斩”。由此可知“朱三太子”其名的由来。

（复按：三藩之乱起于康熙十二年撤藩之议，据《清代记事年表》述其过程大要为，“三月，平南王尚可喜请老，许之。请以其子之信嗣封，镇粤，不许；令其撤藩还驻辽东。秋七月，平西王吴三桂，嗣靖南王耿精忠先后疏请撤藩，许之。”其内幕为：“尚可喜撤藩，三桂、精忠闻之，不自安，疏请撤藩，以探朝旨。廷臣皆主勿徙，惟尚书朱思翰、明珠、莫洛，力请徙藩。上念藩镇非利，特允之。时三桂冀朝廷慰留，如明沐氏世守云南故事。及命下，愕然，乃阴勒士马，禁遏邮传为反计。”吴三桂的反噬其新主在当年十一月，其子吴应熊在京师策动变乱，有人自称“朱三太子朱慈炯”，伪署广德元年，纠集京城内外党羽放火，在鼓楼西街及灯市口被擒。于此我们可以意会，朱三太子朱慈炯，在康熙十二年以前无所闻，十二年以后，屡有“干连犯案”，无非吴三桂既叛朱明，复又利用明朝太子的尊号，作为保护其个人利益以反清的一项工具。而朱三太子之号一出，各地都发生了影响力量，时已在清朝入关三十年以后，于此益可见当顺治初年，如果吴三桂能悔罪补过，奉明裔勤王，则大事犹有可为。然而这样的想法，对不忠不孝不义的吴三桂来说，期望未免太高了。）

上引的一问，自是全案关键所在，所以朱慈炤对此的答供，格外值得重视，他是这样答复问官的：

外边混账人要行不安分的事，我怎么敢说不知？也有些知道的。我从没有非分之想。遇见他们要妄为的人，我惟有躲避了。因劝不住他们，所以躲到山东，苟延岁月而已。若有别的心肠，难道不会走到别处去，反向这离京不远的地方来教书么？我不早出首他们，这是我的不是。我今年七十五岁了，别的话记不清，也不敢妄对。

这段供词，相当坦率，至少有百分之九十是真话，从吴三桂反清开始，三十余年中，假奉朱三太子名号的案子极多，因为都是毫无影响的事，所以牵连不到身上，但大岚山一案，多少不同，朱慈炯虽未同谋，却不能说一无关系。

据《东华录》康熙四十七年记载：正月庚午，浙江巡抚王然奏：大岚山贼众，于嵊县、慈溪、上虞等县行劫，随遣官兵往捕，前后斩杀贼人四名，擒获十五名。

在擒获的十五名中，即有在杭州贡院提案指认朱慈焰、李方远而不知谁是朱三太子的张某。由于张某“假他名色，以鼓动人”，且有在朱慈焰的行踪上较为确切的说明，因而特派钦差穆旦到杭州会审。《东华录》同年又载：

二月丁酉，奉差审大岚山贼一案，户部侍郎穆旦……请训，上谕穆旦曰：“此贼结队横行，已二三年，不比寻常小盗，情罪可恶，尔今速往，会同将军督抚会审，务须决断，毋得柔弱。一到即将贼首张念一（按：当是李方远所称之‘张某’）所供朱三太子及其子等，作速追拿，并将见获贼犯，速行审结。若俟罪犯拿获，则旷日持久。巡抚王然，卸过武官，委罪下属，身为封疆大臣，地方有盗，谓之不知可乎？况千总被杀，乃曰坠马身殒。下属欺蔽不报，上官隐匿不奏，酿成盗贼，大玷官方，尔其传旨严饬。”

于此便有一问题，张某或即张念一，既然不认识朱慈焰，何以知道他父子的行踪？其中另有道理。

因为李方远与贼首张念一虽不相识，而且亦未参与在案中，但他与“贼党叶氏”有渊源。李记末尾曾有补叙：

（李氏）按：先生家在余姚，有一妻二子三女一媳。闻发捕捉，遂一家投缳，六命俱尽。叶氏兄弟长曰伯玉，有女名安庆者，佳丽人也，生而颖秀，幼学能文工诗，乃先生之二子妇也，年已二八，尚未于归。叶氏行刑后，家已解京，例应分旗，而安庆为一义气满所得，安庆恐被污辱，是晚书绝命词于壁，自缢殒命。

这一段按语所记，微有错误。第一，李记慈炤的眷属，人数不符，此当为得之传闻；家在余姚亦不大对，朱家眷属被捕，是在浙江长兴。第二，“义气满”三字中，满是满洲人，“义气”二字不可解，恐传录有误。

朱慈炤因为与叶氏有此一重关系，所以李方远感叹他“未免油污着手而不能无坚白之磷缁”。如无叶氏的关系，不会被大岚山盗贼所利用，亦不能确切指明其行踪，则阖家连同未过门的子妇一共十四口，何至于靡有孑遗？一念之误，后果如此残酷，可不警惕！

谈到此案最后的结局，且先看清圣祖对此的了解。《东华录》康熙四十七年记：

是年四月戊午，上谕大学士等：“山东巡抚赵世显，拿获朱三父子，解往浙江，交穆旦处。朱三者，乃明代宗室，今已七十六岁，伊父子游行教书，寄食人家，若尽拿容留伊等三人，恐株连太多，可传谕穆旦知之。”

因为圣祖有这样开明的态度，所以此案不如后来雍正、乾隆年间的文字狱那样恐怖。而穆旦的对朱、李优容，亦以有此上谕之故。

圣祖的作此表示，自然是根据赵世显的奏报，原奏中有朱、李的供词。朱慈炤行四，为皇子，而说他“朱三者，乃明代之宗室”，是圣祖有意如此措辞，以四为三，就是存心要借朱慈炤来了结喧腾人口的“朱三太子”，而又不能承认其为“太子”，俾作为以后诛死的伏笔。于此都可以看出，朱慈炤只要被捕，不管他是不是曾有“逆迹”，都非死不可，此是“借人头”，弭乱源，在政治上，迫不得已的措施。

撇开这一层不谈，当时疆臣执行命令，有两点可以特别谈一谈，第一是搜捕的效率甚佳，案中主要人犯，无一漏网，而株连虽难保其必无，大致不算苛刻。第二，办案的态度甚佳，如朱慈炤、李方远均未受刑讯，且颇蒙优待。凡此都可以看出盛世的作为，毕竟不同。

此案牵涉的人犯约两百人，地域广及山东、安徽、江苏、浙江、河北、青海等六省，全案不过半年工夫，即已办结，康熙四十七年六月间，九卿复议，大多为“凌迟处死”及“立斩”。上谕：“拟正法之人太多，但将首恶正法，其连坐人犯等，从宽改为流徙。至朱三父子不可宥。”及至再议定案，却未即处决，因为还有一个障眼法要做，即是“肯定”朱慈炤为假冒，如此方可与圣祖所常说的“本朝得天下最正”，清朝入关驱流寇，系为明朝报仇的话相符。

《东华录》康熙四十七年载：

十月丁未。先是奉差察审大岚山贼，吏部侍郎穆旦，押解贼犯朱三即王士元等父子六人至京，下九卿科道会审。九卿等复奏：“朱三供伊系崇祯第四子。查崇祯第四子，已于崇祯十四年身故。又遵旨传唤明代年老太监，但不认识。朱三明系假冒，朱三父子应凌迟处死。”得旨：“朱三即王士元，着凌迟处死，伊子……俱着立斩。”

这明明是欲加之罪，且不说崇祯十三四年间，死的是皇五子而非皇四子，且时隔六十五年，即有当时见过皇四子的太监，又何能辨认正确？总之，朱慈炤的下场如此，正如俗语所说的，“情屈命不屈”“不幸生在帝王家”而已。

喜欢读历史的人，对于亡国后妃、末路王孙的悲惨故事，知道得很多，但我以为其事之可哀，莫如朱慈炤的生平。他以六十五年的长时间，追求一个微小的愿望，做一名默默无闻、平凡无事的老百姓而不可得，世间境遇之厄之窘，宁有逾于此者？他的一生，可以说无时不在屈辱忧虑之中！一个人活在世上，第一个追求的是自由，倘或失去自由，则须有希望，仁人志士，慷慨赴义，或身在缧绁而甘之如饴，就因为存着希望，我死则国生，继起有人，志愿可达。而朱慈炤既无自由，亦无希望，我真不明白，是什么因素在支持着他的生命？

朱慈炤的不自由，就是没有“免于恐惧的自由”以及“不虞匮乏的自由”，他虽须谋生，却不能置产，因为他的来历不明，务须隐秘，随时要弃家而遁，根本缺乏置产所必需的环境和心理上的安定。而其谋生之道又甚狭，靠人周济而活，除了挈子就食以外，赡家则常为力所不逮，其中苦况，可以想象得之，所以妻妾女媳，一闻缇骑到门，集体自尽，毫无瞻顾，虽为畏罪，其实亦是生趣索然，活亦无味之故。

说到希望，恢复明室的希望早随南明三帝的覆灭而覆灭；成家立业，寄望于子孙上进，则既不能做清朝的官，又如何飞黄腾达？室家之乐、朋友之欢，在常人得之不难，而在朱慈炤便成奢愿，甚至在李家知道了妻女自尽，子孙被捕，竟不能放声一恸！做人做到这地步，而还能够“苟延岁月”，无非恶死之一念而已。“千古艰难唯一死，伤心岂独息夫人？”这两句哀赵孟頫的诗，正不妨用来叹朱慈炤。

孟心史先生的《明烈皇殉国后纪》，第三篇名为“清世宗封延恩侯为明后”，其事尤成讽刺。按：康熙六次南巡，四次祭明孝陵。《东华录》载康熙三十八年上谕：

谕大学士等：“朕今日往明太祖陵寝致奠，见其圮毁已甚，皆由专司无人。朕意欲访察明祚后裔，授以职衔，俾其世代守祀事。古者夏、殷之后，周封之于杞、宋。即今本朝四十八旗蒙古，亦皆元之子孙，朕仍沛恩施，依然抚育。明之后世，应酌授一官，俾司陵寝。俟回都日，尔等与九卿会议具奏。”

孟先生认为这不过是一个罗网，等明朝后裔来自投。这年康熙南巡，至阙里谒至圣先师，并特开经筵，又祭明陵，就表面看，雍容恢宏，浑忘种族之念，而究不知内心如何？所以群臣都不敢冒失多事，五个月以后，始以“明亡已久，子孙湮没无闻”，建议各地官佐贰官一员，“专司祀典，以时致祭”的话复奏。及至抓到朱慈炤，正如所愿，可以“酌授一官，俾司陵寝”，岂知三十八年的“温谕”，只字不提，可见孟先生的罗网之说，确非厚诬古人。

圣祖驾崩，皇四子胤祯即位，就是年号雍正的世宗，这位皇帝得位不正，但逆取而能顺守，处处表现出成父之志的孝子模样，一查档案，当初有此一段未了的公案，于是“特申前谕”。据《东华录》载：

雍正二年二月丙辰，礼部等衙门奏：“圣祖仁皇帝以明太祖宗祀沦绝，访求支派一人，授之官爵，恪奉蒸尝。我皇上继志存恤，特申前谕。臣等谨按：明太祖之子，封藩者十二人，迄今三百余年，子姓虽繁，无从准证。查得镶白旗朱文元，系明太祖第十三子代简王之后，明崇祯时，简王后裔代王，为洪承畴监军于松山。我太宗文皇帝时，代王与伊侄文元，因被俘获，遂归我朝，曾蒙圣祖仁皇帝召见，亲询宗系。今原任内阁侍读学士朱锡海之子朱关保等，俱文元之孙也。文元于顺治年间，曾奏明德大同，取其宗族来京，今见任直隶正定府知府朱之琏一支是也。请于此一支内，查取谱牒，吏部拣选引见，择用一人，随饬礼部差官同伊祭告明太祖陵及昌平十三陵，以承祀事，仍令回京居住。嗣后每年春、秋二季，令其呈明前往。”从之。

于是礼部赍旨，唤取正定府知府朱之琏等六人进京，“引见”以后，朱之琏封为一等侯世袭，族内人丁，俱入镶白旗。到乾隆年间，定名号为“延恩侯”。

朱之琏封侯，实为傥来富贵，此人是否明太祖第十三子，封在山西大同的代王之后，大成疑问。孟心史先生提出“五可疑”：第一，代府子孙命名，行辈二十字为“游仕成聪俊，充庭鼐鼎彝，传贻连秀郁，炳耀壮洪基”，根本没有“文”字，且第二字应用五行偏旁，“元”字亦不合。第二，明朝派到各地“监军”的，多用太监，绝无用藩王的。第三，如果崇祯年间监军的代王特别英武，不同于其他各藩王的生长富贵、愚蠢纨绔，则《明史·代王传》，不应不叙。第四，洪承畴在松山兵败投降，是当时震动朝野的一件大事，如果再有一位藩王被俘，则不但《明史》，即许多私人笔记，亦一定会有记载，何以竟无一字提及？第五，洪承畴救锡州，守松山，为明清间的一大战役，清军诸将俘获明将，多详叙以纪武功，何以俘虏明朝一位藩王，为何亦不见一字提及？

因为有此五可疑，朱之琏的身份成了谜，可能是代府的远支宗族，亦可能根本不是。但既称“镶白旗”，大概是“包衣”——旗籍的汉人分为两种：一为“包衣”，一为“乌真超哈”，即汉军。万历年间，满洲人常破“边墙”，自河北南下至山东掳掠子女玉帛，被掳汉人沦为奴仆，即名包衣。明清接战，明军投清而另行编组者称为汉军，就对满洲人的关系而言，包衣比汉军更见密切，亦更见信任。朱之琏可能是镶白旗的包衣，可以相信他虽奉明祀，绝不致成为另一个“朱三太子”，因而被选来作为傀儡。按：镶白旗的旗主为多铎，则朱之琏的祖父或曾祖，亦可能曾下江南，立过战功，果然如此，越发可以信任他必忠于清。

话虽如此，仍旧要护他“回京居住”，而且每年春、秋两季，祭扫明陵，尚须“呈明前往”，可见猜忌防范的严密。

延恩侯朱之琏，连他本人一共传了十二代，末代延恩侯为朱煜勋，入民国后，犹称“侯爷”。民国八年有人好奇，特为去访此“遗少”，所记令人感慨不置。此人名张相文，著有《南园丛稿》，内有“记朱侯”一篇，首先提到光绪三十四年，他游昌平“明十三陵”，有个樵夫跟他说：

“是司祭扫者，固有朱侯。侯岁以春秋来，十三陵各以牲牢献焉。然草草将事，若儿戏然，疑非朱氏血胤也。”张相文当时就想见一见这位“朱侯”，当面考查一下，看他到底是不是明太祖的血胤。

到了民国八年，他有个朋友林传甲编《京师地志》，因而得知延恩侯府第在东门内羊管胡同。此君一时有所感触，写了一篇文章：“中华共和，固以五族合成者。满、蒙王公世爵，载之优待条件；新疆各部回族，亦有王公，藏人政教一致，然世有达赖、班禅，亦犹之王公也，而我汉族何独无之？今宜崇朱侯之阶，而崇其禋享，则于体制合矣。”这篇文使张相文记起往事，便约了林传甲及另外一个朋友访谒侯门。

侯邸与寻常百姓人家无异，既无门额，规制亦不宏，家人妇女，多旗下装束。等把名片投了进去，朱侯不即出见，来接待的是他家西席常某。

据那位常先生谈朱侯的家世：两百年来，侯家的人丁不旺，现在的“延恩侯”朱煜勋，只有一叔一弟，弟弟年纪还轻，跟哥哥同住，他们的叔叔则住东门外，靠所谓“马甲俸”过活，没有儿子。

朱煜勋仍有“岁俸”，由北洋政府财政部发放，每年约八百元。但其时的官员因为常常欠饷，被称为“灾官”，所以朱家的“岁俸”也常收不足。幸好另外有数十顷祭田，生活不致成问题。

朱煜勋只有一个儿子，就是常先生的学生。至于朱煜勋本人肚子里有多少墨水，从他书桌上所摆的书，如详梦的《玉匣记》，以及《七侠五义》之类的小说，可以估量得出来。

谈不多久，“侯爷”出见，其人三十多岁，是个粗浊的胖子，一脸的酒肉气，寒暄过后，客人向他请教，出自明太祖的哪一支系？哪一年受封为侯？传了多少代？朱煜勋茫然支吾，无以为答。

不谈祖先，谈他自己的职司，客人们以为他既奉祀明陵，当然到过凤阳，祭扫过在南京的孝陵，谁知他连凤阳和孝陵的远近所在亦不明白。

于是只好请他拿家谱出来看了。不知道他是根本没有家谱，还是另有别的顾忌，吞吞吐吐地表示改天再说——很可能是没有家谱。因为封侯的来历就不明，而看朱煜勋的家教，亦不像是慎终追远、重视谱系的人家。

谈话至此，已无可与语，而来客中那位林传甲，居然还拿他的文章给朱煜勋看。张相文这样记述：

林君出示以所具论草，乃瞠目相对久之，已复置之几上，亦不解其何说，而顾咻咻然以租垦陵地相筹质，且申言之曰："昔岁曾谋之曹总长汝霖，许以抵质外债，拟辟为公园以偿之。"林君闻之微笑。余离座大言曰："十三陵地处荒僻，何以能作公园？公休矣！且无听卖国之言，以卖而祖陵！"

以布衣而奄有天下的明太祖，其子孙最后的消息是如此，坐食恩俸，蠢如彘豕。而如朱慈炤，少年流离，反倒教养成知书达礼、练达人情，若非身世所限，必是有用之人。帝制的最大罪恶，即在封建，制造了无数废物。因此，现在如还有恩荫承袭之制，政府的优待，不宜在教育上有所姑息，否则，真是爱之适足以害之了。

雍正夺嫡的真相

清朝有部很奇特的书，名为《大义觉迷录》，内容分为两部分——雍正的上谕及曾静的供词。对清朝的文字狱略有了解的，都知曾静其人，他籍隶湖南郴州，因读吕留良遗书，慨然而有反清复明之志。其时康熙身后的骨肉伦常之变方告结束，曾静为皇八子允禩、皇九子允禟、年羹尧等人大抱不平，因遣弟子投书川陕总督岳钟琪，说清出于金，而钟琪为岳武穆后裔，与清应为世仇，今握重兵，居要地，曷不起而反清，为宋明复仇？书中列雍正罪状九款：弑父、逼母、杀兄、屠弟、贪财、好杀、酗酒、淫色、诛忠用佞。事发，拘提曾静到京审问，因而连及吕留良的子孙门徒。定谳之后，吕氏一门，被祸甚酷；而曾静师弟，反得无事。孟心史先生著《清世宗入承大统考实》，以为雍正心感曾静给了他这么一个自辩的机会，所以不杀以报。

《大义觉迷录》就是雍正自辩其“雍”亲王得位甚“正”，所谓弑父、逼母、杀兄、屠弟，全为允禩、允禟门下获罪充军时沿路捏造谣言，故作诽谤。但事实胜于雄辩，而雄辩反透露了更多的事实。读完《大义觉迷录》我有一个感想：尽管雍正不失为一个好皇帝，但诚如《清史稿·世宗纪赞》：“孔怀之谊，实有未笃！”至于得承大统，似偶然而实不偶然，概括而言：巧取豪夺，兼而有之。心史先生的考证，精彩绝伦，可惜不是人人能读，因为不明八旗制度、清宫规例、康熙个性、后妃皇子的个人背景，以及清初政治派系纠纷者，即不能了解其真相及关键所在。

康熙有子三十五，早殇不叙齿者十一，不及封爵而卒者四。清朝的家法，皇子乃子以母贵，所以康熙的太子是皇二子胤礽，而非皇长子胤禔（世宗即位后，依避讳之例，改胤为允，本文为书写方便计，以后胤皆作允），即因皇二子为嫡出。

允礽生于康熙十三年五月，为育允礽，孝诚仁皇后赫舍里氏难产而崩。或者是为了安慰死者，允礽于第二年十二月即被立为太子。他的禀赋不坏，康熙在允礽将入中年时，有过这样的评论："仪表、学问、才技俱有可观。"可惜，"不仁不孝"，以致两立而两废。

允礽第一次被废在康熙四十七年，年三十五。被废的理由，也就是允礽的罪状是："口不道忠信之言，身不履德义之行""暴虐惂淫""咎戾多端"。所以如此，则由于失教之故，而所以失教，则又由于康熙本人纵容之故。如允礽赋性奢侈，康熙特用其乳母之夫凌普为内务府总管，以便其征索。此见诸康熙自述，为最显著的例证。但康熙自己并不承认，认为纵容太子的是索额图。

索额图是孝诚仁皇后的叔父，当削藩前后，与明珠并为权臣。由于血缘上的关系，索额图对太子有着类似外祖父对外孙的那种溺爱，则不仅纵容，且为过分的纵容，照康熙的说法："昔允礽立为皇太子时，索额图怀私倡议，凡服御诸物，俱用黄色，所定一切仪制，几与朕相似。骄纵之渐，实由于此。索额图诚本朝第一罪人也！"这段话实在是有保留的，索额图之为“第一罪人”，还有助允礽“潜谋大事”——篡位的惊人逆谋在内。事在康熙四十一二年之间，索额图因此被拘禁于宗人府，不久秘密处死。

到了康熙四十七年九月，允礽大概是迫不及待地想做皇帝，竟有弑父的企图。康熙在塞外行围途中，召太子及诸王大臣宣谕，据王氏《东华录》所记如此：“谕曰：‘允礽不法祖德，不遵朕训，肆恶虐众，暴戾淫乱，朕包容二十年矣！乃其恶愈张，僇辱廷臣，专擅威权，鸠聚党羽，窥伺朕躬起居动作……皇十八子抱病，诸臣以朕年高，无不为允祄忧（按：皇十八子名允祄，其时八岁）。允礽乃亲兄，绝无友爱之意，朕加以责让，愤然发怒，每夜逼近布城，裂缝窃视，从前索额图欲谋大事，朕知而诛之；今允礽乃欲为复仇，朕不卜今日被鸩明日遇害？昼夜戒慎不宁！似此不孝不仁，太祖、太宗、世祖所缔造，朕所治平之天下，断不可付此人！’上且谕且泣，至于仆地。”又：“即日执允礽，命直郡王允禔监之。诛索额图二子及允礽左右（数人）；其罪稍减者，遣戍盛京。”又：“上既废太子，愤懑不已，六夕不安寝，召诸臣涕泣言之，诸臣皆呜咽。谓‘观允礽行事，与人大不同，类狂易之疾，似有鬼物凭之者’。”

以康熙的英明及修养，如果不是允礽有密谋弑父的确实证据，不会引起他情感上如此激烈的大震动。而其处置逆子，则以严加防范为第一要义，故在旅次交皇长子允禔“监之”；而还京之后，“设毡帐上驷院侧，命允礽居焉；更命皇四子与允禔同守之”。不命皇三子允祉一起看守，而特命四皇子允祯，是因为允祉与允礽颇为亲爱，而允禔与允礽不睦，允祯则与允禔又较为接近，唯有派此两子看守允礽，才可以保证不会让允礽逸出，复逞逆谋。

此外，康熙还有三项处置：一，以废太子诏，宣示天下。此为必有的手续。二，亲自撰文告天地、太庙、社稷，这是一个不平凡的举动。而最有关系的是：三，郑重宣谕：“诸皇子中，如有谋为皇太子者，即国之贼，法所不宥。”

谋为太子就必须结党，党同则必伐异，朝政就会无可避免地陷于混乱。事实上，早有皇子结党图谋夺嫡，所以康熙的宣谕，是有为而发的。

要了解康熙朝夺嫡的纠纷，先要认识几位皇子：

一，皇长子允禔，实为康熙第五子，生于康熙十一年，较太子长两岁。庶妃那拉氏所出。按：清朝妃嫔的等级为皇贵妃、贵妃、嫔、贵人，得选八旗世家之女；贵人以下的宫女，有“常在”“答应”等名目，选自旗营小武官之女。所谓“庶妃”，无此名目，在“清皇室四谱”中，列于贵人之次，可知即为常在、答应的统称。

允禔以庶妃所出，虽居长而不得被立为太子，且亦未封亲王；他的封号是直郡王，康熙三十七年封。

二，皇三子允祉，生于康熙十六年，较太子小三岁。他的生母庶妃马佳氏，共育五子，康熙真正的长子承瑞，即马佳氏所出，但存者只有允祉，康熙三十七年封诚郡王。

允祉颇得其父器重，是康熙做学问的助手。为李光地所出卖的陈梦雷，以及与李光地同受过耿精忠伪职的天文算学名家杨文言，皆为诚邸门客。以陈、杨之助，允祉主修过两部大书，一部叫作《历律渊源》，另一部就是《图书集成》。

三，皇四子允禛，就是后来的雍正，生于康熙十七年，三十七年封多罗贝勒。他的生母乌雅氏，最初大概也是庶妃，直到生了允禛的第二年，方始册封为德嫔，又两年晋位为德妃，以迄于康熙六十一年成为皇太后。

四，皇八子允禩，康熙二十年生，三十七年封贝勒。其母卫氏，出身于“辛者库”——旗人官员获重罪，本人大辟或流放以外，妻女没入“辛者库”罚做苦工。“辛者库”是满洲话，仿佛明朝的浣衣局，为执贱役的宫女集中之地。卫氏何由得幸，已不可考，但直至康熙三十九年，始封为良嫔，后晋为良妃。康熙诸子中，允禩“夙有才干”，是连雍正都承认的，他是此一时期夺嫡纠纷的主角。

五，皇十四子允禵，雍正的同母弟，生于康熙二十七年，比雍正小十岁，是康熙所钟爱的皇子之一。

在太子被废以后，谋为太子最力的是皇八子允禩。说得正确些，是有一班拥护允禩的人，认为机不可失，在积极活动。这班人衔名赫赫，声势莫道无一皇子可及，甚至废太子的集团，相形之下，亦大为逊色。提到这班人，请容我先谈一谈清初的外戚，因为诚如心史先生所指出：“圣祖昵于外戚，待外戚之子弟，宽于诸皇子。”又谓：“圣祖诸子多为私亲所昵比。”不明清初外戚，即无以了解康熙末年夺嫡纠纷及雍正得位的关键所在。

清初外戚最盛者两家：一为蒙古科尔沁旗的博尔济吉特氏，为孝庄太后的母家。清朝的公主，多下嫁世族。王公无数，而知者只有僧格林沁，他的封号叫作“扎萨克博多勒噶台亲王”，称谓拗口，所以都称之为“僧王”。

另一家佟氏，其盛犹过于博尔济吉特氏。康熙、雍正年间佟家红顶子无数，有“佟半朝”之称。佟氏籍隶抚顺，明朝万历末年，有堂兄弟二人：弟名养性，早投清太祖，并成为姻亲；兄名养正，官拜辽东总兵，天命初年亦投降了清朝。乾隆年间修《贰臣传》，实应以佟养正为首，因为是国戚，得免乾隆的笔诛。

佟养正于天命六年为毛文龙所杀，所以清史称其忠义。佟养正有两个儿子，长子同时被害，次子名佟盛年，改名佟图赖，曾随多铎下江南，“扬州十日”“嘉定三屠”佟图赖都曾亲历，颇具战功。

佟图赖有女为顺治之妃，亦即康熙的生母——母以子贵、崩于康熙二年的慈和皇太后。由此可知，康熙已有二分之一的汉人血统。清朝诸帝，有一半以上汉人血统者，除康熙外，乾隆占八分之五，嘉庆占十六分之十三。其由来容为文另述，此不赘。

慈和皇太后，亦即孝康章皇后，一兄名佟国纲，一弟名佟国维。佟国维有女入宫，康熙十六年册为贵妃。按：康熙元后以育太子允礽难产而崩；次后钮祜禄氏于十六年八月册立，次年二月底即崩，谥为孝昭皇后。此后统摄六宫者，即为佟贵妃，二十年晋为皇贵妃，二十八年七月病笃，去世前一日立为皇后，是为康熙第三后孝懿仁皇后。

自此三十余年之久，中宫缺位，而妃嫔中地位最尊，摄行后职者，为孝懿仁皇后之妹佟贵妃。因此，佟家，尤其是佟国维一支，与康熙关系之亲切，无人可比；而由于为帝内助，整肃宫闱的权责，始终掌握在佟氏姐妹手中，是故所有的皇子，皆不能不尊敬佟家，亦为可以理解之事。佟国维于帝，既为舅父，亦为岳父，康熙朝尊称其为“舅舅佟国维”，口头书面，皆是如此。而佟国维就是拥护允禩的首脑；其次是他的侄子，也就是佟国纲的长子鄂伦岱；再次是孝昭皇后之弟阿灵阿；又次是武英殿大学士，颇得宠信的马齐；复次是明珠之子、纳兰性德之弟，家赀巨万，交游素广的揆叙。此外，汉大臣中拥允禩者，亦颇不乏人，如王鸿绪等。

允禩最不可及的一点是，弟兄中亦多倾心。彰明较著者有皇长子允禔、皇九子允禟、皇十子允䄉、皇十四子允禵等。

允禔为人极其糊涂，对允禩来说，成事不足，败事有余。最荒唐的一件事是，当太子被幽时，允禔向康熙说："允礽所行卑污，大失人心。术士张明德相允禩是大贵之相，如果要杀允礽，不必出父皇之手。"这意思是说，只要立允禩为太子，将来便可假手允禩杀太子。世上有这样不通人性、不明事理的妄人！康熙大怒，下诏痛斥允禔凶顽愚昧，并戒诸皇子勿得纵容属下生事。于是不久，又掀起了一场大风暴。

原来康熙此时的心情很矛盾：一方面对太子竟有弑父的逆谋，震惊悲痛；一方面又不信太子的本性会变得这样子的禽兽不如，疑心他有"狂易之疾"。此时由于允禔的失言被责，更可证明康熙对太子的父子之情未断。因此，与允礽亲密的皇三子允祉，便出首告允禔指使喇嘛巴汉格隆以邪术镇魇太子。康熙命侍卫搜查允礽的住处，果然获得纸人纸马之类"魇胜物"十余件。

所谓镇魇，自然是迷信，但当时的旗人，确信其事。《红楼梦》中，赵姨娘暗算王熙凤、贾宝玉，叙其事活龙活现，读者可以参考。但以我的判断，此是允祉救允礽的一计，镇魇物从允礽住处搜出，岂足为凭，但允禔已为康熙视作"凶顽愚昧"，有假手老八杀老二的想法，则镇魇允礽，自不足奇。而况，康熙本来就疑心允礽的行事，若有鬼物凭附，所以一获“真赃”，确信不疑，将允禔削爵，幽于私第。

允禔一垮，连累了允禩。其时允禩署理内务府总管，太子允礽乳母之夫凌普得罪抄家，允禩为了收买人心，颇加庇护。康熙大怒，以“柔奸性成，妄蓄大志，党羽相结，谋害允礽”的罪名，降旨将允禩锁交议政处审问。

事发之初，允禟想救允禩，但自顾在父亲面前，说话不够分量，所以找到为康熙所钟爱的允禵，去为允禩求情。康熙方在盛怒之际，拔佩刀要手刃允禵。正好皇五子允祺在旁边，跪下来抱住康熙的腿，方始救了允禵。结果，术士张明德被凌迟处死，而允禩则被削去贝勒的爵位，降为闲散宗室，腰中所系的不是“黄带子”而是“红带子”了。

相对地，允礽的境况却大见好转，由上驷院侧的毡帐移居武英殿之西的咸安宫，并曾召见。据康熙自己向近臣表示：“朕召见允礽，询问前事，竟有全不知者，是其诸恶，皆被魇魅使然。果蒙天佑，狂疾顿除，改而为善，朕自有裁夺。”此已露复立之意，但有人请复立废太子，则康熙又认为是一种趋附允礽的投机行为，反加严谴，因而使得臣下误会，康熙实不愿复立允礽。于是允禩一党又活跃了。

但是，允禩一党的势力虽强，而情势飘浮微妙，颇难着力。在康熙强有力的控制之下，既谈不上力夺，亦没有机会巧取。唯一可做的事，只是试探及制造纠纷。

于是，已解职闲居纳福的佟国维，当康熙以朱谕宣示大臣，说明废太子近况时，上了一个简单的奏片：“皇上办事精明，天下人无不知晓，断无错误之处。此事于圣躬关系甚大，若日后易于措处，祈速赐睿断；或日后难于措处，亦祈赐睿断。总之将原定之意，熟虑施行为善。”这几句话的含意，颇为暧昧，何以谓之“易于措处”，何以谓之“难于措处”？所谓“速赐睿断”之决断，又是什么?

但是，寻章摘句，固难有明确的解释，而通观全文，却不难了解佟国维的言外之意，废太子或者复位，或者终于废斥而另立，都要快！不管原定的主意是什么，总之要快！似废似不废，拖延着最不好！在废太子复立刚有转机之时，佟国维作此主张。第一，对允礽当然不利；第二，会引起臣下的不安，以为此一问题迁延不决，还会闹出什么大乱子来。因此，康熙大为恼怒，只是抱恙在身，没有精神来料理这个麻烦，所以将佟国维的奏片留中，只命：“诸大臣于诸皇子中，举可为太子者。”

康熙的本意是想大家复举允礽。但佟国维的主张已流传在外，复由于阿灵阿等人的竭力活动，所以举出来的是皇八子允禩。

此非康熙的本意，断然拒绝，理由有二：允禩有罪；其母微贱。不过，康熙究竟是英主，由于允禩有这么多人拥护，虽不愿立他为太子，却不能不复他的爵，以为对臣下的安慰。这是四十七年年底的话，到了四十八年正月，康熙病愈，一面诘责佟国维，作为对允禩一党的警告；一面决定复立允礽为太子。夺嫡的纠纷，到此本可告一段落，谁知允礽太不争气，以致至五十一年十月又废。朱谕中云：“前次废置，情实愤懑；此次毫不介意，谈笑处之而已。”由此可知，允礽在这复立的三年之中，做了许多坏事，使得康熙深恶痛绝，对他不存任何希望，故能有此豁达的表示。

从此，康熙打定了主意，不立太子。因为立谁做太子，即是为谁树敌，皇位谁不觊觎？不争则已，一争必出死力，什么不测之祸都可发生。相反地，不立太子，临终以末命传位，则一方面默默观察，可以从容择贤；一方面严诫树党，则有志于皇位者，唯有进德修业，以期见赏，而绝不敢树党，否则便是自绝上进之路。

康熙朝的夺嫡纠纷，至此告一段落。至于雍正的得位，乃是另一回事，只能说是窃位，不能谓之“夺嫡”。其时，康熙的用意，所有的皇子，无不了解，希望继位者，都在暗中下功夫，而最深沉的是雍正。在康熙驾崩以前，没有一个人认为雍亲王是一个皇位竞争者，他的保密功夫，真是做到家了。

当时在无形中竞争皇位而有迹象可寻的，似乎只有一个皇三子诚亲王允祉，他的策略是兴文教以期康熙会视之为守成之主。他的对手，自然是皇八子允禩，但允禩又不是为他自己“竞选”，而是别有拥戴。

原来允禩颇有自知之明，深知“出身微贱”是个致命伤，而康熙对他的印象又不佳，将来绝无得位之望。不如师法当年“四大贝勒”时代，皇二子代善拥立皇四子皇太极（太宗）的故事，所谋得遂，即能博得个“世袭罔替”的“铁帽子王”，则不但及身荣耀，而且亦可为子孙长保富贵。说起来确是异常明智的打算。

允禩所拥立的对象，即是雍正的同母弟皇十四子允禵。选中允禵的原因有三：第一，当然是他具皇者气象；第二，颇得康熙宠爱；第三，可能也是最重要的，允禵笃于手足之情。如当康熙震怒时，敢进言以救允禩，即为明证。而允禩则一方面借此以报；一方面亦是确信允禵得位后，一定会对他作极优渥的报答。至于雍正为允禵同母兄这个因素，可能亦为允禩估计在内，照他的想法，拥立他人，皇四子或许会反对，拥立他的同母幼弟，岂有胳膊肘朝外弯之理。如果允禩果真有此想法，那就是对“四阿哥”全不了解，雍正城府之深，亦由此可见了。

康熙五十七年，西藏不靖，康熙特命允禵为“抚远大将军”，领西北各军进剿。出师时，特御太和殿宣诏，准用正黄旗纛，此即默许其继位的强烈暗示。按：清初的“大将军”仪制异常尊贵，如康熙二十九年，亲征噶尔丹，康熙以其异母兄裕亲王福全为抚远大将军，皇长子允禔为副手，领左翼人马出古北口；异母弟恭亲王常宁为安北大将军，领右翼人马出喜峰口，可见“大将军”的职衔，绝不轻授。而允禵的称号虽与当年裕亲王福全相同，但准用正黄旗纛，即有“如朕亲临”的代帝亲征之意。此为允禩拥立，已收实效的证验。不意十年辛苦经营，为雍正在一举手之间，巧攫而去，岂能甘心。此所以雍正即位之初，尽管加意笼络允禩，而允禩仍不愿帖然听命，实在是一口气咽不下！

雍正的久蓄异常之志，当时绝少人了解，后世则有铁证。《故宫文献丛编》收有雍邸门下戴铎的书启十件，为戴铎奉差湖广，服官福建时所作。第一启作于康熙五十二年，旅途中献议雍正如何收揽人心，以图大事，最后一段说：“奴才今奉差湖广，来往似需岁月，当此紧要之时，诚不容一刻放松，稍微懈怠。倘高才捷足者先主子而得之，我主子才智德学，素俱高人万倍。人之妒念一起，毒念即生，至势难中立之秋，悔无及矣！”

此所谓“高才捷足者先主子得之”，即指皇位。雍正于此启的批示是："语言虽则金石，与我分中无用。我若有此心，断不如此行履也。况亦大苦之事，避之不能，尚有希图之举乎？至于君臣利害之关，终身荣辱之际，全不在此，无祸无福，至终保任，故但为我放心。凡此等居心语言，切不可动，慎之，慎之！"惶惶之态，溢于言表，因为其时康熙方严禁诸皇子谋立太子，而载铎亦未取得极深的信任，为恐此启万一泄露，而有所追究，须留将来自辩无意于皇位的余地。

第三启作于康熙五十五年："奴才路过武彝山（按：清朝忌讳'夷'字，凡能达于皇室的文字，"夷"皆作"彝"），见一道人，行踪甚怪，与之谈论，语论甚奇。俟奴才另行细细启知。"这是试探。如果雍正果然安安分分，只想做一个亲王，自然恶闻荒诞不经之言，载铎就到此为止，不必再往下说。而雍正的批示是："所遇道人所说之话，你可细细写来，做闲中往来游戏。"此乃大为动心的明证，最后一句是俗语的所谓"假撇清"，为雍正用惯的伎俩。

于是第四启："所遇道人，奴才暗暗默祝，说将主子。他说乃是一个万字。奴才闻知，不胜欣悦。其余一切，另容回京见主子时再为细启知也。福建到京甚远，代字甚觉干系，所以奴才进土产微物数种，内有田石图书一匣，匣子是双层夹底，将启放于其内，以便主子拆看。"

所谓"一个万字"，意指"万岁"。而"代字甚觉干系"，可知有许多万不能为康熙所知的话，用"双层夹底"秘密通讯，亦是件大干禁忌的事，而雍正竟是如此批示："你如此做事方是，具见谨慎。所遇道人，所说之话，不妨细细写来。你得遇如此等人，你好造化。"

以大干禁忌之事，嘉许其"谨慎"，雍正的本心可见。"你得遇如此等人，你好造化”，则为对载铎的暗示：倘能谋得皇位，必许以富贵。

第七启作于康熙五十六年：“奴才数年受主子高厚之恩，惟有日夜焚祝，时为默祷，静听好音，不意近闻都门颇有传言。奴才查台湾一处，远处海洋之外，另各一方，沃野千里。台湾道一缺，兼管兵马钱粮，若将奴才调补彼处，替主子屯聚训练，亦可为将来之退计。即奴才受主子国士之知，亦誓不再事他人也。”

按：所谓“传言”，指允禵受命为“抚远大将军”，康熙已默定储位。但载铎的说法，大非雍正的本意。争储第一回合的暗斗，看来好像已经失败，其实不然，雍正成竹在胸，认为允禵要想顺利取得继承权，并非易事。

这就要谈到年羹尧了。他的后裔，改姓为“年”，颇有人知。但他的本姓为严，则连年羹尧自己，也许都不知道。《明史》卷一七七：“年富字大有，怀远人，本姓严，讹为年。”年为独一无二的姓，凡姓年，必为这位明朝天顺年间，当到户部尚书的年富之后，而年羹尧为雍正所深恶而被斩的长子，亦名年富。如果年羹尧知道他的姓氏之由来，就绝不会犯这样一个荒唐忘本的讳。

年羹尧是汉军镶黄旗人，父名年遐龄，做过湖广巡抚，一兄名希尧，当到工部侍郎。年羹尧本人为康熙三十九年的翰林，放过四川、广东的主考，按部就班做到内阁学士。翰林熬到这个职位，就快出头了，只要没有过失，不是内用为侍郎，就是外放巡抚。年羹尧是外放，四十八年擢任四川巡抚。

自点翰林至外放巡抚，历时仅仅九年，官符如火，殊不多见。所以然者，年羹尧有一奥援，即为雍正。

清制，王子成年封爵分府，视爵位高下，分给多寡不等的“包衣”，称为“属人”。包衣者，奴才也，为清兵入关以前，被掳或自行投靠的汉人，与清朝降服明朝的官军编为“汉军”，仍为战斗兵者，身份与职司皆不同。但诸王府的包衣，亦名为汉军。年家其实为镶黄旗的包衣，当雍正分府时，拨归门下。在雍正未蓄意打散八旗、化私人武力为国家武力之前，旗人的主从之分极严，包衣称主人为“主人”，自称为“奴才”。如载铎即为雍邸的包衣，年羹尧亦然，所不同者，年羹尧是翰林，又其妹为雍正侧妃，论其人，值得提拔，论其情，应该提拔。

年羹尧的四川巡抚干得很出色，康熙嘉许他“治事明敏”。年羹尧知兵，而巡抚无督兵之责，因而康熙五十七年特授四川总督兼管巡抚事。及至允禵受命为抚远大将军，康熙又派给他两个副手：一个是顺治的长兄肃亲王豪格的孙子延信，挂平逆将军印；另一个就是年羹尧，为平西将军。

以年与雍正关系之深，自然了解雍正觊觎大位的本心，然则对允禵之处处钳制，是不必雍正嘱咐就必然会有的事。证之雍正三年上谕，有“太监阎进系允禩深信委用之人。雍正元年，年羹尧来京时，阎进在乾清门见年羹尧，指云：‘如圣祖仁皇帝宾天再迟半载，年羹尧首领断不能保。’”等语，可知允禵在康熙生前，必有密奏讦年羹尧钳制掣肘诸事，所以阎进有此判断。

既有年羹尧在对付允禵，则皇位犹在未定之天，载铎的建议，便成隔靴搔痒，而想法又非常危险，所以雍正于此启严加申斥。

载铎另有一启，透露的消息甚多，原文是：“奴才载铎谨启：主子万福万安。奴才素受隆恩，合家时时焚祷，日夜思维，愧无仰报。近因大学士李光地告假回闽，今又奉特旨，带病进京。关系为立储之事，诏彼密议。奴才闻知惊心，特于彼处相探。彼云：‘目下诸王，八王最贤’等语。奴才密向彼云：‘八王柔懦无为，不及我四王爷，聪明天纵，才德兼全，且恩威并济，大有作为。大人如肯相为，将来富贵共之。’彼亦首肯。但奴才看目下诸王，各各生心，前奴才路过江南时，曾为密访，闻常州府武进县一人，名杨道升者，此人颇有才学，兼通天文，此乃从前耿王之人也，被三王爷差人请去，养在府中，其意何为？又闻十四王爷，虚贤下士，颇有所图。即如李光地门人程万策者，闻十四王爷见彼，待以高坐，呼以先生。诸王如此，则奴才受恩之人，越觉代主子畏惧矣！求主子刻刻留心。此要紧之时，诚难容懈怠也。谨启。”

按：《故宫文献丛编》所收载铎十启，将此启列为第九件，时间为康熙五十七年，恐有误。李光地于康熙五十二年奉旨准假两年，五十四年还朝，殁于五十七年。载铎此启，当作于五十四年李光地假满赴京之前。视函中语气，亦应为初到福建履任时作。

雍正于此启有三批，察视文气，应为两条行间夹批，一条总批。夹批中有一条：“程万策之旁，我辈岂有把屁当香焚之理？”出语粗俗，却能充分表达出雍正看不起他的同母弟允禵，视之为浅薄，故如程万策之流，亦奉之为上客。

一条总批是：“你在京时，如此等言语，我何曾向你说过一句？你在如此小任，骤敢如此大胆！你之死生，轻若鸿毛，我之名节，关乎千古。我做你的主子，正正是前世了！”

所谓“前世”，乃是当时流行的一句俗语“前世一劫”的简称，意谓冤孽缠身，无可奈何。而此总批最要紧的一句话，即是开头的“如此等言语，我何曾向你说过一句？”作用仍是在一旦事发，留一自辩其从未嘱咐门下结纳朝士的证据。事实上倘非深知雍正的本心，载铎又何敢贸然向李光地进言，以共富贵相许。

不过，雍正虽有大志，并不敢公然结党，皇位之能巧取豪夺，完全是善于利用机会之故。雍正有两个绝好的机会，都让他很有效地掌握住了。年羹尧的地位，恰好能钳制允禵，是一个机会；另一个机会更重要，即隆科多在康熙晚年之独蒙宠信，“一呼可聚二万兵”，力足以控制整个京城。

隆科多为佟国维第三子。《清史稿》列传及外戚表、封爵表，不载隆科多有兄，仅有一弟名庆福。又，佟国维有一孙名舜安颜，尚雍正同母妹温宪公主，而隆科多于雍正五年得罪，王大臣共议得大罪四十一款（本为四十二款，其中有一款不成立，后文会谈到），其“大不敬”第五款：“皇上赏银三千两，令修理公主坟墓，隆科多迟至三年竟不修理”，则知温宪公主或即为隆科多的子妇。以此而论，康熙与隆科多有三重姻亲关系：第一，隆科多为康熙生母慈和皇太后的内侄，亦即为康熙的表弟；第二，隆科多为孝懿仁皇后的胞弟，亦即为康熙的内弟；第三，隆科多为额驸舜安颜的父亲，亦即为康熙的儿女亲家。

因此，以康熙之昵于外戚，且在举皇八子允禩为太子一案中，佟氏一门包括“舅舅佟国维”在内，大多废斥。为了弥补愧对外家的内疚，对隆科多格外宠信亲密，亦为情理之常。

隆科多本来与阿灵阿、揆叙相交好，亦为拥护允禩的一分子，只是形迹不显，所以未曾得罪。及至阿灵阿等获咎，隆科多见风使舵，退出党争，而如何为雍正所结纳，则事无可考，或者是舜安颜在其中穿针引线，亦未可知。

从康熙五十年起，隆科多即受任为步军统领。这是个很显赫的职位，全衔叫作“提督九门步军巡捕三营统领”（清中叶以后，编制更大，衔名中“三”应改为“五”），官文书中，简称为“步军统领”，而民间称为“九门提督”。照《清会典》所定的职掌是：“掌九门之管钥，统率八旗步军，京营马步兵；颁其禁令，以肃清辇毂。”实为京师最高治安长官。在汉朝即为光武早年所艳羡的“执金吾”，所以清人笔记中提到步军统领，多称之为“大金吾”。准以近代的官职，相当于首都的警备总司令，或者卫戍总司令。

我说雍正的皇位是由巧取豪夺而来，即以内有隆科多为步军统领，诸王若有异议，隆科多可以武力镇压，取得绝对的优势；而允禵如果想起兵，略如明朝燕王之“靖难”，则年羹尧力足以钳制。因为有此豪夺的把握，雍正方能以秘计巧取，其经过在清并无足够的资料，亦不能公开讨论，所以只笼统而言“雍正夺嫡”，其真相不明。自心史先生的考证出，雍正巧取皇位的经过，十明八九，所存疑者，是康熙的死因。

雍正巧取皇位的经过，清朝的实录与史馆的记载，并不相符。清朝历代的实录，每一朝皆有改饰，务求掩盖其不可以示天下，不足以昭后世的真相。《大义觉迷录》一书，真如俗语所谓“越描越黑”，因而在乾隆朝被列为禁书。心史先生据《大义觉迷录》而作《清世宗入承大统考实》，对康熙的死因，略而不论，固为心存厚道，但就事论事，不得不谓之大醇小疵。按诸实际，康熙何由而崩，大成疑问，后文将作一质疑，以为心史先生大作补充。

康熙得病至上宾的经过，只有最后一刻的说法不一，在此以前并无异词。兹胪举如下：

一，康熙六十一年十月二十一日，幸南苑行围（打猎）。

二，十一月初七，得病，回驻畅春园。

三，十一月初九，以十五日南郊祭天，特命皇四子雍亲王恭代。皇四子以圣躬违和，恳求侍奉左右，康熙不许，于是入斋宫斋戒。

四，十一月初十、十一、十二，雍亲王皆自斋宫遣护卫、太监至畅春园问安。

五，十一月十三丑刻，亦即凌晨二时左右，康熙病情有变，命令皇四子速至畅春园，南郊大典另行派人恭代。

六，同日寅刻，亦即凌晨四时左右，召皇三子诚亲王允祉、皇七子淳郡王允祐、皇八子贝勒允禩、皇九子贝子允禟、皇十子敦郡王允䄉、皇十二子贝子允祹、皇十三子允祥、理藩院尚书兼步军统领隆科多至病榻前，皇十五子以下诸皇子则在寝宫外待命。

七，同日巳刻，亦即上午十时左右，皇四子雍亲王奉召至畅春园进见，康熙告以症候日增之故。是日，皇四子三次进见问安。

八，是日戌刻，亦即晚上八点钟左右，康熙上宾。

至于皇位之授受，据实录及雍正六、七年之间的一道上谕。所记者是如此：

一，康熙于十一月十三寅刻召诸王子及隆科多进见时，已经面谕：“皇四子人品贵重，深肖朕躬，必能克承大统，着继朕即皇帝位。”

二，雍正三次进见，康熙始终未曾面告，他是未来的皇帝。

三，康熙崩后，隆科多始述“遗诏”，以雍正继位。

此中疑问甚多，为清眉目计，首先要提出的是：康熙以皇四子继位的宣布，究竟是口头，还是书面？皇帝临终以前的口头遗嘱，谓之“末命”；书面的遗嘱，方得谓之为“遗诏”。如前所述，则隆科多乃与皇三子等，共受末命，而雍正自道康熙崩后，“隆科多乃述皇考遗诏”，足见另有一朱谕。其后宫中太监所传，说“传位十四皇子”的朱谕，由隆科多及雍正，将“十”改为“于”，不为无因。

其次，有大悖情理之两事：第一，康熙既于是日寅刻召诸皇子及隆科多，面授末命，以皇四子继统，则必有专程报喜之人。点了状元，尚且有“头报”“二报”“三报”；做了皇帝没有人去报喜，又何贵乎做皇帝？退一步言，即令无专程报喜的人，则皇四子至畅春园以后，至少皇十三子允祥会向他道贺，而并此无之，岂不可怪。

再次，康熙既以决定传位皇四子，而且已面告其他诸皇子，何以独独未告本人？雍正进见时，康熙尚能以症候日增之故相告，而独不一致意于勉为令主。这不是更可怪的一件事？

事实上可以断定，康熙在崩逝以前，根本没有什么末命。心史先生于此举一反证，极为有力，雍正八年五月，上谕中引叙隆科多所奏的一段话：“圣祖皇帝宾天之日，臣先回京城，果亲王在内侧班，闻大事出，与臣遇于西直门大街，告以圣上绍登大位之言，果亲王神色乖张，有类疯狂。闻其奔回邸第，并未在宫迎驾侍候。”心史先生于此论断：“父死不惊，惟四阿哥嗣位则惊而欲疯，是凶问到京而嗣主之问犹未到也；是阿其那（允禩）等并无一传讯于兄弟间，仍凭隆科多一语而始露出；是在京在园所得传位之末命，皆出于隆科多之口也！”确为不刊之论！以各种迹象来看，当日康熙的病势虽有变化，绝未到危在旦夕的程度，康熙自己亦不以为毕命就在此日，所以不仅没有传位皇四子的末命，而且根本就不曾提到皇位继承的问题。

考察康熙的本意，已顾虑到行将不起，故事先有旨，令允禵进京。《大义觉迷录》引“曾静供称：伊在湖南，有人传说，先帝欲将大统传与允禵，圣躬不豫时，降旨召允禵来京，其旨为隆科多所隐”。此一传说，是非常可信的，因为康熙从五十六年特授允禵为抚远大将军时，就已为他做了接位的安排。这可以从当权大臣的调动上，很明显地看出来。兹略作分析如次：

一，马齐于康熙四十八年因首举允禩为太子获罪，第二年复起，主办与俄国通商的交涉；至五十五年便已大拜，论资格犹在李光地之上，所以位居首辅。

二，康熙五十六年，命文华殿大学士萧永藻在议政处行走。《清史列传》本传：“六十一年世宗宪皇帝御极，以永藻勤慎清廉，加太子太傅衔，命往马兰，总理陵寝事务。雍正五年十一月，宗人府奏：‘闲散宗室广善在陵寝居住，越分请安，永藻不行拦阻，应革职。’得旨：‘萧永藻向来操守甚好，每自恃其有操守，骄矜偏执……惟知阿谀允禵，以长其傲慢狂肆之罪。’”可知萧永藻为允禵的拥护者。

按：清初在雍正七年未设军机处之前，平章军国大事，采取王大臣议政制度，满洲蒙古的大学士，自能参与；汉军、汉人大学士，则须特许。萧永藻汉军镶白旗人，早在康熙四十九年即已入阁，而至五十六年三月，始奉特旨在议政处行走；其年冬，允禵拜大将军之命。只看雍正所谓“惟知阿谀允禵”这句话，便可恍然，萧永藻之得与议政，乃是康熙为允禵培植辅佐之臣。而萧永藻与允禵关系之深，亦只看雍正一即位就将萧永藻撵到东陵，便可想而知。如果允禵如康熙所预定的得以继位，则萧永藻之必受顾命，殆在意中。

如上所述，马齐之能复起，虽为允禩放弃大志，拥立允禵的一个明显表征，而萧永藻之获重用，更为大位将归允禵的一个强烈暗示。

至于康熙的病势，并不见得严重到随时可以宾天，为更明显的事实。否则，所有的皇子应都在寝宫侍候，准备送终，同时亦必召马齐、萧永藻等人受顾命，而竟一无动静！然则因何而死，岂不可疑？

历考各种有关文献，令人惊奇的是，找不出任何记载，说康熙咽气时，或者至少还能说话时，有一位皇子在他的病榻前面。这就是说，看到康熙离开人世的，只有一个隆科多。

总之，康熙看来好像是病殁，其实是暴死。事先并无任何快要咽气的迹象，否则就会急召皇子，而允祯亦就不会第二天一早方始驰往畅春园。

即以最保守的说法，如有皇子送终，亦仅仅送终而已，绝未承受末命。否则，康熙一定有几句话叮嘱，兄弟和睦，共辅新主之类。是则，大位授受之际，暧昧不明，固为铁样的事实。在情理的推测以外，我们更可以从文献中，找到铁样的证据。

兹先从《雍正实录》开始。康熙六十一年十月十三，“戌刻，圣祖宾天，上哀痛号呼，擗踊不已。尚书隆科多进曰：‘大行皇帝，深惟大计，付授鸿基，宜先定大事，方可办理一切丧仪。’上恸哭仆地，良久，乃起，趋事御榻前，抚足大恸。”按：“擗踊不已”下紧接“尚书隆科多进曰”云云，文气中断，所谓“付授鸿基”是如何“付授”？口传末命，还是由隆科多宣诏，如此付托天下之大事，岂得无一言之叙述。于此可知，修《实录》时，实有难言之隐，其真相不妨看雍正的自述。

雍正二年八月二十二日上谕：“朕向者不特无意于大位，心实苦之。前岁十一月十三日皇考始下旨意，朕竟不知，朕若知之，自别有道理。皇考宾天之后，方宣旨与朕。朕岂可明知而任国家之扰乱乎？不得已缵承大统。皇考圣明，凡事预定，所以大业授受之际，太平无事，以成国家之善庆。”而在修《实录》时，此上谕已删改为：“前岁十一月十三日，皇考宾天之后，朕缵承大业，授受之际，中外敉宁，以成国家之善庆。”依旧不言“授受”的实况，亦正因为既有难言之隐，则不言胜于多言。征诸实况，授受之际，岂得谓之为太平无事？

据《永宪录》记，康熙驾崩后，“次日至庚子，九门皆未启”。这就是说，从十一月十四至十九，京城的九个城门，关了六天之久。此在当时意大利籍神父马国贤于1855年在伦敦出版的回忆录（*Memoirs of Father Ripe*）中说，当天晚上听得畅春园中哭声震天，宫门随即紧闭，而全副武装的骑兵到处皆是。当时猜测，不是康熙驾崩，便是宫廷发生政变。后来证实是皇帝宾天，传位于皇四子。第二天早晨，他准备与另两位神父去吊丧时，竟“未得入城”。（按：“未得入城”系据王钟翰的译文，见《燕京学报》第三十六期，王著《清世宗夺嫡考实》。至于马国贤的原文是：The next morning I repaired to Peking with Father Angelo and Seipel, for the purpose of going to the palace, to show our concern for the death of Kang-hy, but we were not admitted that day or the following.)

像这样的情形，何得谓之为“太平无事”？在这闭城的六天之中，有何杀戮之事，因为《实录》经过历朝删改，真相不明。但自宫中至诸王府，风波迭起，则犹可稽考，后文将会谈到。这里先澄清末命及遗诏的问题。

有部非常珍贵的孤本，名为《皇清通志纲要》，邓之诚藏有抄本。此书的作者弘旺即允禩的长子，曾为雍正逐出于玉牒之外，改名菩萨保，直至乾隆四十三年方始恢复原名，但《清史稿·皇子表》中，竟致漏列。弘旺既为允禩之子，为报父仇，自然秉笔直书，所以这部《皇清通志纲要》，在当时是秘本。如果在洪杨以前，有人抄藏这部书，可能会招来灭族之祸，因为这部书中，透露了一个绝大的秘密，证实了雍正夺嫡为如山的铁案！

拙作前面提到雍正的名字，都写作允祯，这是依照当时的习惯。雍正的名字应作“胤禛”，登极以后，循避讳之例，他的弟兄“胤”改为“允”，而臣下写到御名，则“禛”改为同音的“祯”。绝大的秘密在此：皇十四子允禵，原名允祯。

请看《皇清通志纲要》的记载：

一、“康熙二十七年戊辰正月初九日，皇十四子祯生。”

二、“四十八年己丑，三月初十日封……皇十四子讳祯贝子。”

三、“五十七年戊戌三月中旬命皇十四子祯授王、抚远大将军。”

四、“五十九年庚子，二月十六日命抚远大将军、王、祯以西宁进兵。”

五、同书的《元功名臣录》载：“恂勤郡王讳允祯，圣祖皇十四子，改讳禵。”又：“多罗贝勒、固山贝子、抚远大将军、王，讳允祯，改讳禵。”

据此可知，允禵不仅原名允祯，而且封抚远大将军时，既已封王。而《雍正实录》固隐其事，连《康熙实录》亦删改得毫无痕迹。封王一事之必须隐讳，因为由此可见康熙对皇十四子是如何器重，则与《大义觉迷录》中，雍正蔑视同母弟，自道“夫允禵平日素为圣祖皇考所轻贱，从未有一嘉予之语。曾有向皇太后闲论之旨‘汝之小儿子，即与汝之大儿当护卫使令，彼亦不要’”之语，完全不符，所以务必抹杀得干干净净。不意天壤间竟有此遗文，可发三百载之覆。仓颉造字，鬼为之哭，良有以也！

有此秘密，则所谓改“十”为“于”之说，更为可信，因为“祯”“禛”声音相同，字形相似，“禛”改为“禎”（“祯”的繁体字）绝不可能，而“禎”改为“禛”，固甚易易。雍正即位以后，可循避音讳之例，为允祯改名。

按：禵音齐，据《字汇补》的解释：“禵，福也。”而《艺文类聚》释“祯”字亦为：“祯，福也。”此亦可作为允禵原名允祯的一个旁证。雍正则又以“禛”字须改写之例，变名为“祯”，恰好张冠李戴。雍正夺弟之位，复夺弟之名，手段实在巧妙。

话虽如此，汉文遗诏亦仍未宣布。《雍正实录》记宣读大行皇帝遗诏在十一月十六日，事后有御史杨保等“参奏鸿胪寺官宣读大行皇帝遗诏时，未宣汉文”，可知仅用“国语”宣诏。满文于姓名都用拼音，则“祯”“禛”之不同，更无从显示。因此，雍正不以杨保等人的参奏为是，谕以“宣读清字诏书，即与宣读汉字诏书”无异。

雍正之得位如此不正，他的弟兄们当然不服，从大行皇帝未还大内以前，即有纠纷。而《实录》记载为一片中外敉宁之象。当时“恭议殡殓大礼”，以为“宜奉大行还宫”。于是“命淳郡王允祐守卫畅春园；固山贝子允禵至乾清宫敷设几筵；十六阿哥允禄、世子弘升，肃护宫禁；十三阿哥允祥、尚书隆科多备仪卫、清御道”。这段记载中，可以看出许多花样。

按：其时除皇长子、废太子禁锢，皇五子允祺奉旨祭陵以外，在畅春园的皇三子允祉，等于长子，办理在丧，衡情度理，应由允祉总其成，而丧仪执事中，竟无职司。此外年长能办事的允禩、允禟、允䄉等亦皆被摒，亦出常情之外。因此，我们有理由相信，此四人皆处于一种被软禁监视的状态中。

至于被派到执事的诸人中，皇七子允祐，身有残疾，庸懦无用，故命之留守畅春园；皇十二子允裪、皇十六子允禄此时持中立态度，不妨一用；而皇五子允祺的世子弘升亦被派职司，更见得放心可用之人不多，此时的雍正，是相当孤立的。

特别要值得一提的是皇十三子允祥。此人在康熙朝，似乎默默无闻，及至雍正一接位，立即出人头地，自此以至雍正八月五日下世，雍正誉不绝口，而所蒙恩宠，更为异数，举其荦荦大者如下：

一，康熙六十一年十二月封怡亲王。

二，雍正元年十一月，赐钱粮二十三万两，辞之再三，仅受十三万两；因命换怡亲王例，一切用度，皆支官物。

三，雍正三年二月，加封郡王，由怡亲王于诸子中指封。

四，雍正三年八月，加俸银一万两。

五，雍正四年七月，赐御书“忠敬诚直、勤慎廉明”榜。

六，雍正六年，命怡亲王所兼管佐领，俱为王属。

七，雍正七年十月，命增仪仗一倍。

八，雍正八年五月，病殁，辍朝三日，上谕：“怡亲王薨逝，中心悲痛，饮食无味，寝卧不安。王事朕八年如一日，自古无此公忠体国之贤王，朕待王亦宜在常例之外，今朕素服一月，诸臣常服，宴会俱不必行。”又谕：“复其名上一字为‘胤’，配享太庙，谥‘贤’，并以‘忠敬诚直、勤慎廉明’八字，加于谥上。”

至乾隆年间，复有恩命，最有关系的是，亲王“世袭罔替”。清初本有八个所谓“铁帽子王”，至此增而为九。辛酉政变为慈禧太后目为“三凶”之一的载垣，为允祥的玄孙。载垣虽被赐死，而爵位不撤，终清之世，仍有怡亲王的称号。

读清史至雍正一朝之事，我总有一个难释的疑团，以雍正的忮刻残忍，何以独对允祥有此深厚的感情？而允祥又有何德何能，独蒙精明非凡的雍正之如此赏识？而以雍正对允祥的称许来看，品德无亏，是个君子。孰知大谬不然！

兹先提出一个从未有人谈过的疑问，《清史稿》诸王列传、皇子世表，以及清皇室四谱的记载，都是康熙六十一年，雍正接位后封允祥为怡亲王，在此以前，是何爵位？按：康熙于四十八年三月，大封年过二十的皇子，已封者晋爵，未封者始封，雍正之为雍亲王，即在此时。允祥之一兄一弟允祹、允禵皆封贝子，则允祥又缘何未封？

这个疑问，亦是在《皇清通志纲要》中可以求得解答，虽不完至，但却透露了一个极大的秘密。原来允祥在康熙四十七年废太子的纠纷中，亦是主角之一。王钟翰所引的《皇清通志纲要》，有这样一条："四十七年九月，皇太子、皇长子、皇十三子圈禁……十一月上违和，皇三子同世宗皇帝、五皇子、八皇子、皇太子开释。"既云"开释"，当然曾被看管，可知第一次废太子的纠纷，闹得极大，允祉、允祺及雍正全都牵涉在内。至于后世官书，不及此三人，当然是雍、乾两朝，有意隐没。

可注意的是，皇太子、皇长子、皇十三子同被圈禁，而开释的只有皇太子，于此可知，允祥是与皇长子同罪同科。康熙四十八年，大封成年皇子，允祥尚在圈禁之中，自然未封。据雍正元年十一月上谕"怡亲王于皇考时，敬谨廉洁、家计空乏，举国皆知。朕御极以来，一心翊戴，克尽臣弟之道。从前兄弟分封，各得钱粮二十三万两，朕援此例赐之"等语，换言之，允祥并未得过此二十三万两钱粮，更为在康熙朝未曾受封分府的明证。否则即无所谓"援例"，更不至于"家计空乏"。

由此可以作进一步的推测，允祥之被圈禁，必与皇长子镇魇废太子一事有关，而且情况相当严重。我很疑心，这是允祥替人受过。前面谈过，康熙四十七年九月，第一次废太子时，允礽被监禁于上驷院侧的毡帐中，帝命皇长子允禔与雍正共同监守。镇魇之事，可能是雍正与允禔同谋，因为雍正本人亦很相信这一套，当他与年羹尧在“政治蜜月”期间，曾有一道朱谕：“你的真八字不可使众知之，着实缜密好。番僧中镇魇之事，实不能侵正人，虽属荒唐，然亦说不得全无。”可证。及至事发，雍正可能说动允祥，代为顶罪。如果我的猜测不误，则雍正对允祥之崇功报德，固亦宜然。

总之，允祥有大功德于雍正，乃是一件确凿不疑的事。我还有一个想法，当康熙宾天以后，隆科多口衔天宪，硬说传位于皇四子，恐众不服，为杜人之口，可能举允祥为隆科多亲承大行末命的见证。是故，允祥与隆科多共同受命“备仪卫、清御道”，备仪卫者备皇帝的銮驾；清御道者防有不测。凡此任务，雍正非交与绝对肯定已承大统的人，不能放心。

明乎此，可知雍正夺位时所引起的宫廷危机，远比后世所知者为严重。但尽管雍、乾两朝，删改《实录》，十分周密，如雍正本人及允祥牵涉及第一次废太子的纠纷，几于无迹可寻，但只要仔细搜索玩味，仍不难了解其真相。

今按雍正所被指控的四款罪名：“谋父”则如前述，康熙实同暴崩。当时道路传言：“圣祖皇帝在畅春园病重，皇上就进一碗人参汤，不知如何，圣祖皇帝就崩了驾。”意谓雍正有弑父的嫌疑，此为莫可究诘之事，唯有存而不论。至于其余三款，则信而有征，不妨一谈。

所谓“逼母”，传言是如此：“将允禵调回囚系，太后要见允禵，皇上大怒，太后于铁柱上撞死。”又：“据达色供：有阿其邦（允禩）之太监马起云向伊说：皇上令塞思黑去见活佛，太后说，何苦如此用心，皇上不理，跑出来，太后怒甚，就撞死了。”这里所说的太后，就是雍正与允禵的生母，德妃乌雅氏，雍正嗣位，拟上徽号为“仁寿皇太后”，未及与行册尊大典，太后即于雍正元年五月二十三日崩逝，是即母以子贵的孝恭仁皇后。

孝恭仁皇后是否触柱自尽，留待后文再研究。我首先要向读者指出的是：从古以来，儿子做了皇帝，不但不高兴，反有无限悲伤委屈的，只有一位孝恭仁皇后；从古以来，在盛世而母以子贵的皇太后，居然有人敢对她无礼而犹不敢发作的，亦只有一位孝恭仁皇后；从古以来，原是真太后，突然一变而为假太后，更只有一位孝恭仁皇后。

此话怎讲？须知允禵简在帝心，必继大位，已是众所默喻之事，允禵做了皇帝，德妃成为皇太后，是真太后。

但此皇太后非由允禵而贵，乃由允禛而贵，情况就大不相同了。因为雍正这个皇位既是巧取豪夺而得，则皇太后的来路亦就不正。真太后变成假太后，所以宜妃郭络罗氏，当着大行皇帝的梓宫，给太后难堪。

《清史稿·后妃传》：“（圣祖）宜妃，郭络罗氏，当圣祖崩时，妃方病，以四人舁软榻诣丧所，出太后前，世宗见之，又傲。世宗为诘责宫监。”此太后受气的情形，大庭广众间如此，深宫中冷嘲热讽，当更有甚者。因此，雍正登极，皇太后不肯受礼，说是：“皇帝诞膺大位，理应受贺；至于我行礼，有何关系？”此直为不认雍正为子之意。以后再请再辞，三请始允，而理由还是为了康熙即位时，诸王大臣亦曾向太后致贺，所以说：“诸王大臣等，既援引先帝所行大礼，恳切求请，我亦无可如何！”本意仍是不愿承认此一贺由雍正而来。其后又议上“仁寿皇太后”

尊号，亦复“坚执不允”。雍正“叩请再三”，所奉的懿旨是：“诸王大臣援引旧典，恳切陈辞；皇帝屡次叩请，这所奏，知道了！”如此而已。

更有一个太后始终不愿自居为太后的迹象是，她一直不肯由原住的永和宫移居皇太后颐养之地的宁寿宫。先还无所谓，到了大行皇帝奉安景陵以后，移宫之事，突形急迫，因为“仁寿皇太后”尊号的奏请，在奉懿旨“这所奏，知道了”之后，依旧言之不已，太后只好拿大行皇帝犹未奉安来作推辞的借口。如今旗人父母之丧，持服百日早满，山陵大事，亦已告一段落，太后如再推辞，则明明是不慊于帝，反映出嗣君得位不正，所以雍正很伤脑筋，而太后坚持如故。

这当然会引起母子之间的争执，而真正伤了太后的心的，却还是为了允禵。《大义觉迷录》中，雍正自叙命允禵奔丧的经过是如此：

一、“朕即位之初，召允禵来京者，彼时朕垂涕向近侍大臣云：‘痛值皇考升遐大故，允禵不得在京，何以无福至此？应降旨宣召，俾得来京，以尽子臣之心。’此实朕之本意，并非防范疑忌而召之来也。以允禵之庸劣狂愚，无才无识，威不足以服众，德不足以感人，而陕西地方，复有总督年羹尧在彼弹压，允禵所统者，不过兵丁数千人耳！又悉皆满洲世受国恩之辈，而父母妻子，俱在京师，岂肯听允禵之指使，而从为背逆之举乎？其以朕为防范允禵召之来京者，皆奸党高增允禵声价之论也！”按，雍正作此言时，允禟、允禩、允䄉、隆科多、年羹尧，皆已死于非命；即知内幕者，亦皆被幽，噤若寒蝉，因而可以肆无忌惮地自说自话。衡诸实际，雍正之召允禵入京，绝非如他自己所说的那么冠冕堂皇！须知所统数千兵，已经不少，而大将军便宜行事，节制督抚，果然要反，是否年羹尧所能钳制，亦在未定之天。而况允禵早承默命，众所共喻，果真领兵“靖难”，师出有名，其号召力比明成祖不知要高多少倍。更何况，内有诸王的支持，而且允禩居“总理事务”四王大臣之首，亦握有相当权力。雍正对允禵岂能不作防范?

二、“及允禵到京之时，先行文礼部，询问见朕仪注，举朝无不骇异。及到京见朕，其举动乖张，词气傲慢，狂悖之状，不可殚述。”按：“举动乖张，词气傲慢”，此在允禵为必然之事，而在雍正为自取之辱。昔日曾见有人登报警告其脱离关系的同胞之兄，谓为“姑念台端之令堂，亦乃敝人之家母”，叹为天下奇文。而允禵以臣以弟，行文礼部询问已登大宝之兄的仪注，亦为千古创闻。度允禵此举，无非要表示失位的真皇帝会见窃位的假皇帝而已，意在泄愤辱兄，并非真的希望有此仪注。可惜，允禵的原文与礼部的复文，不传于世，否则亦必是一段天下奇文。

三、“朕曾奏请皇太后见允禵，太后谕云：‘我只知道是我亲子，允禵不过与众阿哥一般耳，未有与我分外更亲处也。’不允。朕又请可令允禵同诸兄弟入见否？太后方谕允。诸兄弟同允禵进见时，皇太后并未与允禵分外一语也，此现在诸王阿哥所共知者。后允禵于朕前肆其咆哮，种种不法，太后闻知，特降慈旨，命朕切实责允禵，严加训诲之，此亦宫中人所共知者。”按：太后果有如雍正所引述的话，则为大不可解之事。做了太后，连亲生之子都不能召见，此亦是千古创闻。即如雍正所说，太后以为“允禵不过与众阿哥一般耳”，则诸兄弟入见太后，允禵当然亦在其列，又何须请示？捏造之语，破绽毕露而不自知，诚所谓心劳日绌。今按雍正所叙，仿佛太后视允禵为忤逆之子，不愿一见，乌有是事？事实是：

允禵到京后，雍正始终不准他见太后，不久，即遣往守陵。《大义觉迷录》中自道："即允禵之命往守陵，亦奏闻太后，欣喜嘉许而遣之者。"以专阃之寄的大将军，贬谪到陵上闲住，而做母亲的居然"欣喜嘉许"。这种谎话，亦编得太离奇了！

以现存的史料来看，允禵大概只在大行皇帝奉安时，随众见过太后一次。而太后之死，乃是愤于雍正虐待同母之弟的允禵。我前面曾据《皇清通志纲要》指出，允禵受任为抚远大将军时，即已封王，《雍正实录》中亦有证据。雍正元年二月庚甲（初十）为以允禄承袭庄亲王爵，外间"捏造谣言，妄生议论"，宣示诸王大臣的上谕中有一句："大将军、王允禵到京后，未定应行回任与否。"是则允禵在二月初未到京前，仍是王爵，及至五月二十三日，太后崩逝之日，谕总理事务王大臣等："贝子允禵，原属无知狂悖，气傲心高，朕屡加训谕，望其改悔，以便加恩。但恐伊终不知改，而朕必欲俟其自悔，则终身不得加恩矣！朕惟欲慰我皇妣皇太后之心，着晋封允禵为郡王。伊从此若知改悔，朕自叠沛恩泽；若怙终不悛，则国法具在，朕不得不治其罪。"允禵由王忽变为贝子，再变为王，其中隐没了许多事实，但亦颇易测度。

首先容易了解的是，允禵之由王变为贝子，乃是因为他有"行文礼部询问见朕仪注"那个"举朝骇异"的举动，所以雍正将他由王降作贝子，借为报复。

在雍正，当然不会承认是报复，而只是膺惩，目的在希望允禵"改悔"。上谕中的意思是很明白的，只要允禵能上奏自劾，即等于写一张"伏辩"，他就会"加恩"，仍封王爵。而这一原则在封了郡王以后，仍旧适用，“伊从此若知改悔，朕自叠沛恩泽”，等于暗示，只要驯服，则由郡王晋封亲王，甚至世袭罔替，都在意中，否则，不但爵位保不住，性命亦保不住。

然则，允禵既未改悔，又何以降而复升，封为郡王？唯一的原因是，“欲慰我皇妣皇太后之心”。这不就明明指出，太后一直在为允禵争原有的王爵，是则所谓“太后谕云：‘我只知道是我亲子，允禵不过与众阿哥一般耳，未有与我分外更亲处。’”云云，其为雍正谎言，不攻自破。

至于太后的死因，亦很可疑。试看雍正元年五月《实录》：

一、己亥（二十一）：“上因天时少雨，减膳虔祷，甘霖立霈，大学士等恭请皇上照常减膳。”上曰：“上天暨皇考在天之灵，慈悯朕躬，即时昭应，朕心焉有不感荷欣庆之理？所奏知道了。”据此，则太后毫无有病的迹象。在此以前，雍正约三四天到永和宫问安一次，亦从无太后违和的记载。

二、庚子（二十二）：“仁寿皇太后不豫，上诣永和宫亲视汤药，昼夜无间。”按：史家记帝后疾病，有特定的用语，“不豫”是起病或微恙；疾笃或病势突然恶化，称为“大渐”。既是起病或微恙，则“亲视汤药”又何须“昼夜无间”，可知其中必有文章。

三、辛丑（二十三）：“丑刻，仁寿皇太后崩于永和宫。自圣祖仁皇帝升遐以来，皇太后哀痛深切，每致撤膳，上在哀毁之中，惟恐慈体违和，晨夕问视，孝养倍笃。皇太后积哀日久，疾遂大渐（下略）。”按：太后之疾是何疾？不明。如“积哀日久”而成疾，则是时发时愈，遂致大渐的慢性病，但在此以前，从无记载，而且明言雍正“惟恐慈体违和，晨夕问视”，则如太后违和，《实录》中为表现雍正的孝思，必有如何亲视汤药、忧急不安的“实录”，而竟无之，则可肯定，太后并无疾病。

自“不豫”而“大渐”而“崩”，为时不过一昼夜，如为中风之类的急性病，自不妨秉笔直书，何必讳言。由此可知，太后自尽之说，未必子虚，“亲视汤药，昼夜无间”者，正在从事急救，看迹象似乎是服毒或吞金。

导致太后自尽的原因，不一而足。总结而言：雍正自年前十一月十三日以来，半年中的所作所为，无不大佛太后之意，使她在宫中处于一种见不得人、说不响嘴的窘迫境地中。而尤其大伤慈怀的一事是，雍正对允禵既夺其位，复降其封，更褫其职，又禁其足（软禁于景陵）。太后为允禵争王封，如前述已可证明确有其事，此外，太后亦可能坚持让允禵回京居住。而雍正一方面不能仰体亲心；另一方面又为了自己的面子，逼太后由永和宫移居宁寿宫，以便在上尊位时，接受群臣朝贺。在这种彼此意愿相左的情况下，母子之间，可能发生冲突，于是“以天下养”的太后，便一无生趣了！

以上推论，自信与事实相去不远。至于道路流言，“皇上把和妃及其他妃嫔，都留于宫中”等语，看来倒确是谣言。因为雍正虽有诸般恶德，却无好色的名声，并且他残忍而不昏庸，非东昏侯之流，烝父妾之事，可信其必无，更何况和妃其时已四十岁，非少艾之比。猜想谣言之起，是因为和妃首受尊封，不过，这在上谕中也说得很明白，是奉了太后的懿旨，是和妃侍奉先帝最为谨顺之故。

“弑兄”一款，亦有实据。但“弑”之一字，似嫌稍重，如谓雍正

“不弟”，则确凿无疑。雍正行四，当即位之初有亲兄三人俱在，而结果皆无好下场。兹先从皇三子诚亲王允祉谈起。

允祉亦有继位的可能，已如前述。他之见忌于雍正，一半为追憾当日康熙以允祉为做学问的助手，一半则以允祉深知雍正夺位的真相，深恐发其隐私。因此，在即位以后，雍正首先驱逐陈梦雷，并否认允祉主修了《古今图书集成》之功，此是一个警告。及至曾静案发，《大义觉迷录》刊行，其中许多恬不知耻的谎言，由于当事者或则已死，或则被幽，无可指证其为颠倒黑白。唯独允祉，身在局中，名在局外，而又以皇兄的地位，议论有较大的自由，倘或道破真相，则数年来的苦心掩饰，尽皆败露。为此，雍正就有了“卿不死，孤不得安”的感觉了。

于是雍正八年五月，授意庄亲王允禄参劾允祉，以“怡亲王之薨逝为庆幸”为名，宣布其罪状。所叙情事，猥屑不情，有如无知村妇的谩骂，《雍正实录》不载，想是乾隆亦看不顺眼之故。

心史先生对雍正的这道上谕，逐段指摘，议论精微，做一次文抄公，转录数段如下：

“雍正八年五月上谕：诚亲王允祉，自幼即为皇考之所厌贱，养育于外，年至六岁，尚不能言。每见皇考，辄惊怖啼哭。”心史先生评曰：“诚邸为世宗兄，其幼时事，岂世宗所能置议？且此事岂论罪所当牵涉？”按：雍正小允祉一岁，类此文气如长兄之责幼弟，即令六岁之兄责五岁之弟，亦觉不伦，何况以五岁之弟，责六岁之兄？雍正早年的谕旨，于作伪之处，下笔相当谨慎，八年下来，自我养成了一个坏习惯，撒谎而不自知其撒谎，诬人之语，摇笔即来，所以有此荒唐之语。

“及年岁渐长，则性情乖张，行事残刻，于皇考之前则不义不孝；于其母妃则肆行忤逆。是以皇考屡降谕者，将其心术之处，宣示于众。此举朝所共知者。”心史先生评曰：“诚邸生母荣妃，忤逆之说无考。惟于怡邸母敏妃之丧，在康熙三十八年，不满百日薙发，为圣祖所责。允祉自怨自艾，作《责躬集》。陈梦雷集中，有《责躬集序》文。”按：“性情乖张、行事残刻、不义不孝、肆行忤逆”，皆为欲加之罪。康熙谕旨中，殊少责备允祉之语；相反地，自允禔、允礽被幽以后，康熙即视允祉为长子，嘉许其修文之志，岁一临幸或再幸诚亲王府以为常。就做学问而言，允祉无愧为康熙的令子，安得谓之为不孝？

“其接待诸兄弟，皆刻薄寡恩。诸兄弟皆深知其人而鄙弃之。”心史先生评曰：“诚邸拥护废太子，明见圣祖谕旨褒美之。其他刻薄，惟见本谕旨中怡邸丧事。诚邸有二兄，大阿哥以镇魇太子为诚邸所发，二阿哥即太子，诸兄弟中惟诚邸救护之，为圣祖所赏。其余仇太子者自不慊于诚邸。若谓诚邸刻薄，诚邸无权，只有情谊之不浃，并无眷害之相加。诸弟若果鄙弃其兄，即诸弟亦负不恭之罪，与不友等耳。此亦非论罪所当及。”按：允祉接待诸弟兄，不仅非刻薄寡恩，且于雍正得位亦有助力，足征忠厚。其说见后。

“从前二阿哥废黜之后，允祉居然以储君自命，私谓庄亲王曰：‘东宫一位，非我即尔。’其狂诞怪妄如此。”心史先生评曰：“在储位未定前，有此私话，但储位定后即不复觊觎，亦不当论罪。至独与庄亲王语此，则知世宗所深忌者杨文信代修《历律渊源》一书，当时必深契圣祖之意。庄邸亦诸皇子中习天算之学者，圣祖甚重此学，故有此揣度。当世宗发此谕之先，庄邸正弹劾诚邸，以引起种种罪状。则前此私语，亦庄邸媚帝而举发之耳。”按：庄亲王允禄为雍正除怡亲王允祥以外，另一早下了功夫，俾资为助手的弟弟。允禄的天算之学，为康熙所亲授，父子间接近的机会甚多。雍正窥探其父意旨，必有大得力于允禄者。故庄亲王博果铎一死，即以允禄承袭，作为酬庸，因而颇有流言。雍正于元年二月，在以允禄袭封庄亲王的第六天，即有一道上谕，说是“外间匪类，捏造流言，妄生议论，谓朕钟十六阿哥，令其承袭庄亲王王爵，承受其家产，朕为君上，多封诸弟数人为亲王，何所不可，而必借承袭庄亲王以加厚十六阿哥乎？”出词似乎振振，而于“承受其家产”一节，则仍未辩。博果铎之父硕塞，太宗第五子，原封承泽亲王，为八“铁帽子王”之一。硕塞曾从豫亲王多铎下江南，明末东南膏腴之地，未受流寇荼毒，益以北地避难南来者，多挟赀财，只看当时秦淮风月之盛，可以想见其繁华富庶，清将南下者，恣意掳掠，无不满载而归。允禄袭庄亲王爵，所得遗产，绝非受雍正封为亲王例得钱粮二十三万两银子可比，是故以允禄袭封庄亲王，谓非有意“加厚”，纯为自欺欺人之谈。

“康熙六十一年，皇考龙驭上宾。方有大事之夜，朕命允祉管理内事，阿其那管理外务。乃允祉私自出外，与阿其那密语多时，不知所商何事。此天夺允祉之魄，自行陈奏于朕前者。及朕令阿其那总理事务，阿其那则在朕前保奏允祉可以大用。此阿其那欲引允祉为党助，共图扰乱国政之明验也。”心史先生评曰：“大事之夜，兄弟间何以竟不可通一语？既自行陈奏，可知原无避忌。阿其那方任为总理，何能禁其有所保奏？若以当时被保奏为罪，则当时任彼为总理者，罪名岂不更重？”按：允祉与允禩（阿其那）密语多时，必是对隆科多口传的末命大感怀疑，商议弟兄之间所应持的态度。证诸雍正在《大义觉迷录》发布前后所作的谕旨，“诚亲王等向朕叩首，劝朕节哀”等语，可以推想到，允祉主张隐忍持重。否则，以其在实质上居于皇长子的地位，而允禩、允禟、允禵又皆在愤懑之时，号召诸弟群起而攻，雍正的得位，就未必能够如此顺利。

“举朝满汉文武大臣，皆受皇考教养深恩，而朕借以办理庶政者。允祉屡奏朕云：‘此辈皆欺罔之徒，无一人可信。’总之，凡为国家抒诚宣力之人，允祉则视之如仇敌；而憸邪不轨之流，则引之为腹心。如允禵当日与允祉仇怨最深，及允禵逆节显著，朕令允祉搐其笔札，检得塞思黑与允禵书，有‘机会已失，悔之无及’之语，允祉竟欲藏匿，马尔萨力持不可，始呈朕览。又如允禵强悍嚣凌，顾私党而忘大义，朕革伊郡王，并伊子弘春贝子之爵，以教导之，而允祉于乾清门之前，为之叹息流涕，其比溺匪类、肆无忌惮如此。”心史先生评曰：“据此段谕文，正见诚邸于外廷无交结，而于诸弟则有恩私，与刻薄之说相反。罪之曰，‘比溺匪类、肆无忌惮’，则亦所谓何患无辞者矣！”按：此评极其精当。允祉的态度，完全出于一种作为长子不忍见骨肉同室操戈的心情。马尔萨为满洲“八大家族”姓瓜尔佳氏的费英东之后，时任内大臣、正黄旗都统，而搜检书札，竟可不听允祉的命令，当然因为雍正有过交代，不必理会亲王之故。

“又从前遣塞思黑往西大同时，朕将阿其那等党恶种种面谕，允祉奏以‘此等人能成何事’！后又密折奏称，‘阿其那、塞思黑等不忠不孝，罪恶滔天，若交与我，我即可以置之死地’等语。朕谕之：‘阿其那等罪恶当诛，自有国法。生死之柄，岂尔可操？尔此奏不知何心？’盖允祉之意，欲暗置阿其那等于死，而不明正其罪，使天下后世议朕之非。此时曾向廷臣言之。”心史先生评曰：“此在诚邸为希意太过，实非令举。但在世宗则亦无罪可论。”按：此评不甚得当。以允祉的性情而言，不可能说这样的话。果然如此，则允祉岂非与允禔为一丘之貉？雍正对弟兄诬赖侮蔑之诈，不一而足，此信亦不可信。

“至于怡亲王，公忠体国，夙夜勤劳，朕每向允祉称道其善，冀以感悟之。而允祉置若罔闻，总未一答。今怡亲王仙逝，因允祉素与诸兄弟不睦，果亲王体素羸弱，不能耐暑，是以未令成服。而果亲王再三恳请，允祉则淡漠置之。且数日以来，并不请朕之安，朕心甚为疑讶。今据庄亲王等参奏，不料允祉之狂悖凶逆，至于此极。以怡亲王忠孝性成，谟猷显著，为皇考之令子，为列祖之功臣，今一旦仙逝，不但朕心悲痛感伤；中外臣工，同深凄怆；即草野小民，亦莫不以国家失此贤王，朕躬失此良佐，为之欷歔叹息。况允祉以兄弟手足之情，乃幸灾乐祸，以怡亲王之薨逝为庆幸，尚得谓有人心者乎？又朕将褒奖表扬怡亲王之谕旨，颁示在王府人等，众人宣读传示之际，允祉并不观览，傲然而去，尚得谓有君上者乎？”心史先生评曰：“谓兄临弟丧不哀，何得加以狂悖凶逆之目。且兄不哀此一弟之丧，本非他一弟所能参论。又其不令成服，乃由帝旨。不成服之弟两人，果亲王则以恳请成服为逆探言外之隐衷，诚邸则以遵令不成服为拘守言中之明示，逆探者或有逢迎之能，拘守者何来狂悖凶逆之咎？”按：此论最为公允。不过，于此亦可察觉，允祉虽于兄弟不薄，但爱憎之间，亦不免有所轩轾。允祥如果当年曾参与允禔镇魇废太子之谋，则其见憎于允祉，乃是必然的，而且亦是绝对可以谅解的。但在雍正，就恰好不能原谅了。

以上所引，举其数端，此外，不近情理、不成体统的语言尚多，最后的结论是："允祉从前作恶多端，不可枚举。但因其心胆尚小，未必敢为大奸大恶之事。从前陈梦雷之案败露，朕若据事根究，允祉之罪甚大。朕心不忍，姑令寝息。及后为诸王大臣等参劾，宗人府议复拘禁，朕仍复宽恩，将伊降为郡王，薄示惩儆，而伊毫不知畏惧。今年又特加恩，复伊亲王之爵，而伊毫不感激。兹当怡亲王仙逝，众心悲戚之时，而允祉丧心蔑理若此，是法不知畏，恩不知感，以下愚之人而又肆其狂诞，势必为国家之患。朕承列祖之洪基，受皇考之付托，不能再为隐忍姑息，贻患于将来也。其作何治罪之处，着宗人府诸王贝勒贝子公八旗大臣九卿詹事科道会同定议具奏。特谕。"既言其"心胆尚小，未必敢为大奸大恶之事"，为何又"势必为国家之患"？这就是一个绝大的矛盾！雍正不自知而乾隆知之，所以在《实录》中对诚亲王的罪名，已删削得只剩下八个字："性情乖张，行事残刻。"但希旨定罪的复奏全文，则以出臣下，仍旧保留。

廷议允祉的罪名为：不孝、妄乱、狂悖、党逆、欺罔不敬、奸邪、恶逆、怨怼不敬、贪黩负恩、背理蔑伦，凑足十款大罪。建议将允祉革爵正法，子孙逐出玉牒，家产交还内务府，即是变相的抄家。以皇兄之尊，只为亲属的丧礼中失态，而廷议竟视之为谋反大逆的重犯，此亦为罕见之事。于此可知，有残刻的皇帝，才有残刻的臣子！明思宗自谓："朕非亡国之君，诸卿乃亡国之臣！"证以雍正君臣，殊不其然。怎么样的皇帝，出怎么样的臣子；唯其有亡国之君，才有亡国之臣。思宗昧于此理，此所以终为亡国之君也。

当然，将允祉“正法”是绝不会有的事，但削爵禁锢于景山永安亭，亦等于致命的打击。雍正十年闰五月允祉去世，视郡王例殡葬。乾隆二年追谥为“隐”，无异暗示禁锢非罪，足证雍正的所作所为，连他的儿子都不以为然。

至于大阿哥允禔、废太子允礽，则在世宗即位后，禁锢如故。其实允禔、允礽之被禁制，完全是因为怕他们恢复自由以后，又有争夺皇位的活动。现在改朝换代，夺位之事，不复存在，则禁锢原因，便已消失。雍正如果稍有手足之情，很可以将此余年无多的两亲兄释放，责成其家属小心奉养。然而雍正不愿。一死于雍正十二年，一死于雍正二年，皆不得谓之善终。

“屠弟”之名，雍正自道“不辞亦不受”，实即等于承认。所屠之弟，即允禩、允禟、允䄉。允禩初封“廉亲王”，为总理事务四王大臣之首领，看似重用，实为抚与监视。据说，允禩封王时，曾对贺客表示：“何喜可贺，不知死在何日？”此与隆科多自道：“白帝城受命之日，即死期将至之时。”皆可以想见，雍正的狰狞面目，在他一接位时，便已为人看透。

大致雍正对诸弟撕破伪面具，公然视之为深仇大敌，是在雍正三年初，年羹尧被诛之时。四年正月，雍正宣布允禩罪状，二月授为“民王”——清朝定制，亲贵封爵，第九等镇国公以上，皆入“八分”，表示为与皇帝最密切的亲属，“凡朝会燕飨，皆异其礼，赐赉必均及”。若是“民王”，则既非宗室，自不入八分。所以雍正之封允禩为“民王”，是不但不认其为手足，且是不认其为族类。以故，到了五月间，将允禩改名为“阿其那”，满洲话的猪；允禟改名为“塞思黑”，满洲话的狗。同胞之弟为猪狗，不知雍正自居为何物。世间有如此辱父之人！亦是千古奇闻。

雍正“屠弟”的手法，大致不外乎这样几个步骤：隔离、监视、察看、幽禁、秘密处死。就文献信而有征者言，是允禟死得最惨。

允禟被祸的经过如下：

一，雍正元年，召禟回京，以允禟出驻西宁，屡请缓行，雍正责其太监。

二，二年四月，宗人府劾允禟，小故谓之为“违法肆行”，请夺爵，雍正宽免。

三，三年春，雍正以允禟在西宁纵容家人生事，命都统楚宗约束。允禟有牢骚，雍正手诏深责。按：是时年羹尧已死，隆科多去死不远，为雍正开始大举清算骨肉之时。

四，三年七月，以山西巡抚伊都立之奏劾，夺允禟爵，撤所属佐领（按：此即“不入八分”矣），即西宁幽禁。

五，四年正月，京城搜获允禟私书，“书迹类西洋字”，为允禟所造之字（按：允禟有一门客，为意大利籍天主教士穆经远，相知极深，其后亦牵连被捕，据穆经远口供透露，允禟用“类西洋字”所作的隐语家书，大致为用俄文或拉丁文拼音而成）。命革去黄带子，削宗籍，逮捕回京。

六，四年五月，改允禟名为塞思黑。

七，四年六月，诸王大臣复劾允禟罪状二十八款，请正法。时允禟行至保定，雍正命直隶总督李绂暂禁，观其行止。

八，四年八月，允禟以腹病卒于幽所。

在保定的两个月，允禟的遭遇，奇惨无比。为鹰犬、为狱卒者李绂，请先略谈其人，作为我的看法——“有残刻之君，方有残刻之臣”的证明之一。

李绂是江西临川人，孤贫好学，经目成诵。康熙四十八年翰林；六十年以左副都御史充会试副考官，出榜之日，黄雾满天，康熙对大学士说：“此榜或者有乱臣贼子，否则抑或有读书积学之士不能中式，以致怨气冲天。”因而榜发以后，特命磨勘试卷，即是指派御史调取学子亲笔所书的墨卷，与誊录所书的朱卷对勘，如果墨卷有误而朱卷不误，当然是誊录的毛病；如果朱卷有误而取中，则考官视情罪轻重而有处分。此榜磨勘结果，好些取中的进士，不准参加殿试，作为惩罚。而落第的举人，则对李绂大表不满、上门诘责。李绂不敢出见，于是落第举人，投砖石砸门，大闹了一顿才散去。

据《国朝贡举年表》，康熙六十年辛丑会试一栏下注：“副考官李巨来、绂。博采名誉，所取皆一时之俊，如宜兴储氏、金溪冯氏，均昆季联镳。落第者喧闹盈门，中式者无由入谒。事久，物议始定。”按：宜兴储氏弟兄五人，皆以“文”字命名；金溪冯氏弟兄一名咏、一名谦，并有文名，而会元即为储氏五文之一。李绂所取虽一时之俊，但卷子弥封，姓名何由而知？此中自有情弊。落第者闹门，不敢出见，犹可谓之为怕吃眼前亏，事后并不奏闻，请予闹事者以应得的惩戒，则明明为情虚之故。因此，言官一旦弹劾，李绂便即落职，发往永定河效力，是重于革职，轻于充军的一种处分。

雍正元年，以藩邸属人汉军蔡珽之荐，李绂起复，署吏部右侍郎，外放广西巡抚，雍正三年秋天调任直隶总督。《清史稿》本传叙其品学："绂伟岸自喜。其论学大指，谓朱子道问学，陆九渊尊德性，不可偏废。上韪之。"原来是位道学先生。

康熙年间有真道学、假道学。真道学者，汤斌、陆陇其等；假道学者，熊赐履、李光地之流。但其时的假道学，总还维持一个假面目，尽管李光地"卖地卖友、夺情、晚年外妇之子来归"三事，为时流资为口实，总还不至于自告奋勇做皇帝的刽子手，而李绂居然就是！皇帝要杀胞弟，就是"道问学、尊德性"的"道学先生"磨刀霍霍，奋袂而起！有其君乃有其臣，岂不信然？

以下请看李绂的"德性"：

一、雍正四年五月，李绂奏："五月十一日未刻，奏景侍卫纳苏图至保定，口传上谕：'允禟奉旨回京，路过保定时，着总督李绂，即将允禟留住保定，钦此！'臣随飞檄密饬由陕至京，沿途直隶州县各官，如遇允禟入境，即差员役，密送至保定，仍先行报臣……现在于臣衙门预备小房三间，四面加砌墙垣，前门坚固，俟允禟至日，立即送入居住，前门加封，另设转桶，传进饮食，四面另有小房，派同知二员，守备二员，各带兵役轮班密守。再允禟系有大罪之人，一切饮食日用，俱照罪人之例给与。"按：其时允禟方由康亲王崇安在等议罪之中，而李绂已肯定其为"有大罪之人"，并对纳苏图表示：等允禟到后，将便宜行事。意谓下手谋害允禟。雍正岂能容他如此鲁莽，所以朱批："万万使不得！岂有如此大事，令你悬揣而行之理？”李绂自告奋勇，不想碰了个钉子；复以另一事处置失当（见下一节），越发惶恐。但雍正要杀允禟的本意，是他确知不疑的，所以口中不言，出以行动，而为雍正所默许，屠弟之迹，殊为显然。

二、六月二十七日，李绂奏：“窃查塞思黑圈留保定，一切俱照牢狱囚犯。惟伊家人四名，系奉旨酌量带来之人，故臣等令与塞思黑一同拘禁，但臣等细思，塞思黑罪恶深重，岂宜容其家人，同在一处？臣谨与都统楚宗商议，即于本月二十六日，将伊家人四名，俱行提出，交按察司司狱，另行拘禁。”雍正朱批：“此必是楚宗的疯主意。李绂，你乃大儒，封疆重臣，岂可听彼行为，不自立主见？此事大错了！”

按：允禟虽于六月初三由王公大臣议罪奏闻，但雍正上谕：“阿其那、塞思黑治罪之处，朕不能即断，俟再加详细熟思，颁发谕旨。”此就法理而言，允禟仍为圈禁，未曾定罪。尽管实际上已视允禟为死囚，仍应容其随带家人，所以李绂原奏中，亦有“系奉旨酌量带来之人”等语。现在允禟未曾定罪，而绂已公然视之为罪犯；其家人未犯罪，竟送按察司拘禁，更为目无法纪。然而，违法还不算大错！

大错是在李绂完全不了解雍正的手法。像这样的情形，雍正对允禟的这四名家人，必有一番处置，赐以利禄，胁以严刑，恩威并用，使其不敢透露任何有关的话。照李绂的处置，这四名家人岂有不在监狱之中大谈“新皇帝的新闻”之理？而雍正口中的所谓“大儒”，竟亦不过善于料理罪犯而已！

三、李绂奏：“窃臣赋性迂愚，过于褊急，屡蒙天语，训以和平；而气质所偏，至今未能变化，嫉恶过严时时有之。（朱批：果如其恶，自然嫉也。）

“若失之宽纵，臣自信不至于此，况塞思黑等，柔奸巨猾，众所共知。（朱批：众何由而知？众如果知，何劳朕数年心力也！）

“臣于四月在海淀陛见之时，实与大学士张廷玉、尚书蔡珽、法海、都御史傅敏、总督高其倬诸臣，首先倡议公疏纠参。（朱批：正为此，恐朕前退后不一之谓。）

“因奉旨，先期回署曾否列有臣名，臣未及知。至伊等罪状，岂复有丝毫之疑，敢有宽徇之意？故五月十一日，侍卫纳苏图传旨到保，因臣词气过激，至有便宜行事之奏，随钦奉御批，有‘万万使不得，岂有如此大事，令你悬揣而行’之谕。（朱批：今日仍是此旨，便宜行事则朕假手于大臣，如何使得？）

“是皇上惟恐臣失之过严，岂至今日敢失之过宽乎？（朱批：恐非过则不及也。）

“臣伏思古之圣人，待此等元恶之人，有二法焉。一为舜之待象，一为周公之待管叔。象之所谋，在舜未有天下之前，盖家庭之蠹，故以封为放，曲全之而无妨。管叔所谋，在周既有天下之后，则社稷之贼也，故破斧缺斨致辟焉而不赦。今塞思黑所犯，在皇上登极之后，自当以诛管叔之法待之，故臣于奉命圈住塞思黑之时，实深愤激。及钦奉皇上朱批，有‘万万使不得’之谕。因思圣人如天之仁，或出于常法之外，止欲严行圈住，锢其终身，俾与圣世之草木鸟兽，同尽天年，亦未可知。（朱批：即此，朕意尚未定。尔乃大臣何必悬揣。）

“故于搜检行李之时，去其刀刃等物，既防其钻穴窜逸，亦不欲其速尽，以仰体皇上如天之仁。然臣于近日闻都统楚宗言，其与年羹尧私书往来之事，则断不可容于圣世。（朱批：此不过楚宗防汝之论而已，被塞思黑之愚矣。与阿其那、塞思黑对面数日，有能不被二人之奸诈所愚者，朕未见也。）

“虽皇上更有宽大之恩，亦非臣民所愿，岂敢失于宽纵？（朱批：凡有形迹、有意之举，万万使不得，但严待听其自为，朕自有道理。至嘱，至嘱，必奉朕谕而行，干系甚巨。）

“除楚宗告臣之言，臣谨专折纠参外，现在给与塞思黑饮食与牢狱重囚，丝毫无异，铁索在身，手足拘挛。（朱批：此又太过矣。不过粗常茶饭，不必加意供奉就是了。总以折中，乃朕之意。）

“房小墙高，暑气酷烈，昨已报，中热晕死，因伊家人用冷水喷渍，逾时始苏。（朱批：此即汝被愚处，未闻死而复活者。）

“大约难以久存，盖不善所致，即有皇恩，亦难逃于天殛也。（朱批：但从他一点，有为，万万使不得、使不得。）

“至臣前折所奏，似觉恐惧，因奉旨将伊光景奏闻，故冒昧言及。（朱批：朕躬自省，实无愧于衷，自有天地神明、皇考圣灵在天鉴察。汝但遵旨而行。）”

此奏未注年月，大致为七月间事。其间必有一奏，为雍正疑李绂还有后言，行为亟亟自辩。“铁索在身，手足拘挛，房小墙高，暑气酷烈”，何其酷也！而经此虐待，“中热晕死”，急救得苏，雍正犹不信真有其事！此人之残刻，不独帝皇，常人中亦少见。

李绂关于处置允禟的奏折，不止这一个，就这一个奏折，亦不止如前引的数段，但已足够了解雍正之为人了。不过要作个结论，则又非引雍正对李绂此奏的“总批”不可。按：雍正朱批有两种，一种是行间夹批，如上所引，乃是为了排印方便，特以括弧缀于正文之下。以下所引的一段，乃是奏折全文阅毕以后的“总批”：

“知道了！总以‘无为而严之’一句料理，则无过矣！朕自有道理，处分此事。将发来上谕、奏章、案卷，送入令其观之，不必一言；看毕送出时，亦不必听其一言。严饬看守人员奉行！”

“无为而严之”五字，是雍正千万遍思量，锻炼又锻炼而成的一个对待不两立的异己的原则，允祉、允禟皆死于此一原则。

至于如何谓之“无为而严”，则雍正已有非常具体的指示：“将发来上谕、奏章、案卷，送入令其观之，不必一言；看毕送出时，亦不必听其一言。”是即“无为”，而“严”逾有所言。所送允禟阅看文件，自然是对他极端不利的主张与“事实”；而送阅文件者，则又极端冷漠，套不出一言半语的口风。试想在此情况之下，当事者忧疑震撼，生死莫测，则日夜萦心者，无非患得患失地去设想个人的祸福而已。在这样高度的精神虐待之下，岂有不死之理？而在雍正，便可有残害手足之实，而无“弑兄”“屠弟”之实！

四、“无为而严”，尚且不堪，何况李绂的“有为而严”，所以允禟到七月二十五，就支持不住了。李绂于八月二十六日奏报：“臣查塞思黑在于保定圈住从前，饮食如常，至二十五日，忽患泄泻，随即痊愈。至八月初九日以后，饮食所进甚少，形容亦日渐衰瘦。至二十二日早上，有鹗鸟在房檐上呼鸣，半日始去，塞思黑自后不入内室，坐卧小房门外看天。人役送饭至转桶，亦不来取，从旁窥听，觉其语言恍惚。至二十五早上，声息愈微，呼亦不应，至晚更觉危笃。看守之同知色尔特、守备陈明道，向臣告知，臣因小房内别无看守之人，随即差同知色尔特，告知都统楚宗，商同料理。楚宗因系奉旨交臣管理之事，当未即来，臣与布政使臣德明，及臣中军副将李逢春等，同至小房，揭开封锁，见塞思黑果卧于门外。

“臣亲入室内，查看明白，因令随行员役，将伊衣服等物，俱搬入东一间炕上，另加封锁，仍将塞思黑移至中一间安置，塞思黑业已昏迷不知，不能转动，目暗语喑，惟鼻息有气，两手动摇，喉吻间有痰响而已。似此危笃，难以久延，除臣一面饬令该员弁严加看守，并衣衾棺木，现在一面料理外，所有塞思黑患病危笃情形，理合据实奏明。”

至此，允禟已有死无活。雍正的朱批是：“朕不料其即如此，盖罪恶多端，难逃冥诛之所致。至今日，汝不曾被其欺，朕被其欺也。多设人密查，如有至塞思黑灵前门首哭泣叹息者，即便拿问，审究其来历，密以奏闻，着实留心，不可虚应故事！”开头一句，是雍正猫哭老鼠的标准语气，此中最堪注意的是这一句：“至今日，汝不曾被其欺，朕被其欺也！”此中含义深刻而曲折，明为自责，暗为抚慰，而又欲在“刽子手”面前，卸其“屠弟”之名。雍正之工于心计，真可说是叹为观止矣！

清圣祖如何解决他的皇位继承问题

拙作《雍正夺嫡的真相》之补充

前年秋天我做了一个考据——《雍正夺嫡的真相》，在《中华日报》副刊发表。我的这篇考据，自信结论不误，而且有所创获。怡贤亲王胤祥，当康熙在世时始终未封这一点，研究清史者尚无人道过；发两百五十载之覆，且可证明雍正夺位早有预谋；解释雍正手足之间，独对胤祥恩出格外，到了不情的地步之原因何在，自觉是件值得自喜之事。但因副刊读者是一般性的，所以不能不顾文字的可读性、趣味性，以致体例不够谨严。恰逢得读金承艺教授的两篇论文，机缘凑泊，正好让我对《雍正夺嫡的真相》一文作一补充，以就教于高明。

金承艺教授在逊清是天潢贵胄，为太祖长孙安平贝勒杜度之后，现在澳洲墨尔本大学东方系任教。前年秋天回国度假，住在“中研院”学人宿舍，去年春节以陈捷先兄的介绍，得以识荆。一说起来才知道他也正在做雍正夺位的专题研究，并已写成论文，将在“中研院”近代史研究所集刊中发表，答应送一份油印本让我先睹为快。但油印本寄至金门，未及阅读，即为友人久假不归，直至最近，方得快睹，且为两篇：第一篇题为“从‘胤禵’问题看清世宗夺位”；第二篇题为“胤祯：一个帝梦成空的皇子”，甫于今年六月发表。

金教授这两篇论文中，关于雍正的夺位部分，所提出的看法、论据、结果，与我的研究，几乎完全相同。他看过了有关此问题的所有资料，比较其异同，确定其可信的程度，提出最确实的证据，肯定胤禵原名胤祯，是康熙选定并为众人所知的皇位继承人。

这两篇论文对我有一极大的启发。关于康熙两次废太子之间，诸皇子明争暗斗的过程之间，我曾发现许多疑问，如今读了承艺的征引远比拙作为详尽的论文，大体都能获得圆满的解答，这些问题是：

一、何以康熙四十七年第一次废太子时，“愤懑不已，六夕不安寝”，而五十一年第二次废太子时，“毫不介意，谈笑处之而已”？

二、胤禩既为群臣所爱戴，则在太子既废，且别无皇子公开与胤禩竞争的情况下，何以康熙绝不考虑其为继承人，且痛责其妄蓄大志？

三、康熙选择继承人的条件如何？

四、十四阿哥胤祯何以能中选？

五、十四阿哥胤祯既已膺选，康熙何以不立之为太子；既然如此，何以又作强烈的暗示？

六、自大阿哥至十四阿哥之间的派系如何？

七、胤祥未封的原因何在？

第一问跟第四问有关。储位乃国本所寄，是故太子不肖，不能不出以废立之一途，而又别无可立之太子，则一旦身故，诸子争位，束甲相攻，犹如群雄并起，互相吞并，最后始定于一。骨肉之祸，何可胜言？而奸臣求机窃发，江山易姓，更不能不作深切的考虑。康熙“六夕不安寝”，实以此故。至于五十一年第二次废立，由于心目中已有可继位之人，而且筹思已熟，以则皇子之众，处置一个久已视之为弃材的不肖之子，自无所顾惜，故自道“毫不介意”。

第二问则须从第三问中去求得解答，承艺在“从‘胤禩’问题看清世宗夺位”一文中说：

皇八子胤禩小于清世宗三岁，在圣祖诸子中，才华和能力可能是最杰出的一个。如今看到的《圣祖实录》《世宗实录》，虽已经世宗和高宗的任意删改，但还可以看得出胤禩在长辈中受到伯父裕亲王福全——圣祖次兄的推许，也受到舅舅佟国维——圣祖孝懿仁皇后之父的称赞。兄弟中皇长子胤禔、皇九子胤禟、皇十子胤䄉、皇十四子胤祯，都对他衷心拥戴。在圣祖第一次废皇太子胤礽之后，并曾为满朝文武大臣保举可为皇储之人。声望之高，一时无两。不过圣祖并不很喜欢他，直到胤礽第二次被废以后，终于也没有表示要立他为皇储的意思。（究竟是什么原因胤禩未被立为皇储？由于晚期《圣祖实录》被大量删改，我们已无法获知全貌了。）

胤禩何以未被立为皇储这个问题，其实不难索解，一言以蔽之：不合康熙所定的条件。根据康熙所作的各种宣谕，并研究康熙的居心行事，相信他心目中的继承人应具备的条件是：

一、德——为仁君。

二、才——有治理天下的能力。

三、多子——此为第三代着想，多子始可择贤而立。

四、年龄——以三十岁为适当，最多不能超过三十五岁。

五、友爱——能得兄弟的支持，期免骨肉相残。

六、内助——至少有一个宽厚而明白事理的妻子，将来才能无忝于中宫之位。

七、出身——清朝的规制，皇子乃子以母贵，如康熙四十八年第二次大封，皇九子胤禟封贝子，而皇十子胤䄉封郡王，即因胤䄉系孝昭仁皇后之妹温僖贵妃所出。

以此七个条件来衡量胤禩，至少有三不合：

一、艰于子嗣——胤禩于康熙四十七年始得一子，名弘旺，后为世宗勒令改名菩萨保，他所著的一部《皇清通志纲要》，承艺亦认为是一部研究雍正夺位问题最重要的著作。

二、受制于妻——胤禩之妻为安郡王岳乐外甥女，康熙斥之为“嫉妒行恶”，自无母仪天下的资格。

三、出身微贱——胤禩生母良如卫氏，本“辛者库罪籍”，第一次废太子后，康熙命诸大臣公举可为太子者，众举胤禩，康熙不许，“母微贱”即为理由之一。因为顾虑到其他皇子不服，将构成纠纷。

至于十四阿哥胤祯等为父钟爱，过于兄弟，其德其才之为康熙所欣赏，自不许言，生母乌雅氏的行事，只看她在雍正即位后，辞尊号，不愿移居慈宁宫，可知是位讲原则的贤母，不愧其封号“德妃”之德。胤祯妻为蒙古公主；他本人年未三十，已有四子，七个条件中已备五个。特别值得一谈的是“年龄”与“友爱”，前者为康熙高瞻远瞩的考虑，后者是胤祯膺选的关键性问题。

按：皇位递嬗之间，父子年龄的差异，是历来帝皇所最感困扰而无法解答的问题。国赖长君，固然不错，但长到什么程度，却很难控制。一个人事业的发达，总在中年，但有赖于年轻时打下基础，是故四十岁以后接位，至多做个太平盛世的守成之主。而且中国帝皇的平均年龄不大，四十岁已接近生命终结的边缘，如明光宗在位只得两月，以致不能不改万历四十八年为泰昌元年。康熙对明朝亡国之因，研究得很透彻，当然要考虑到继承人的年龄问题。

康熙受过科学训练，是个很通达的人，他不会妄想自己会活得如何长。我想，他的目标是七十岁，到了七十岁还活着，他也很可能会内禅，这从他训练胤祯学习做皇帝这一点可以看得出来。

我们假定他在七十岁时交出皇位。其时为康熙六十二年，则诸皇子的年龄为：

皇长子胤禔：康熙十一年壬子生，五十二岁。

皇二子胤礽：康熙十三年甲寅生，五十岁。

皇三子胤祉：康熙十六年丁巳生，四十七岁。

皇四子胤禛：康熙十七年戊午生，四十六岁。

皇五子胤祺：康熙十八年己未生，四十五岁。

皇六子胤祚：早殇。

皇七子胤祐：康熙十九年庚申生，四十四岁。

皇八子胤禩：康熙二十年辛酉生，四十三岁。

皇九子胤禟：康熙二十二年癸亥生，四十一岁。

皇十子胤䄉：康熙二十二年癸亥生，四十一岁。

皇十一子胤禌：早殇。

皇十二子胤祹：康熙二十四年乙丑生，三十九岁。

皇十三子胤祥：康熙二十五年丙寅生，三十八岁。

皇十四子胤祯：康熙二十七年戊辰生，三十六岁。

皇十五子胤禑，比胤祯小五岁，当四十八年二次大封时，尚未成年。自此以下，在当时属于幼子之列，根本不会被考虑。而在胤祯以上，超过四十岁者，亦根本不会被考虑，则在皇十二子以下三人中，即令胤祯无其他条件，论年龄亦会被选中；而况，由胤祯之受任大将军，劳师远征，深入边疆，亦可以意想得到，他的体魄精力，必有过人之处。

最后，谈到关键性的问题，这与前面的第六问，即康熙诸子的派系，分析如下：

一、太子与皇三子胤祉为一派。太子第一次被监禁，胤祉发喇嘛巴汉格隆魇胜太子之事可证。

二、胤禩为一派，势力最大，胤禟、胤䄉类皆倾心，皇长子胤禔与太子不睦，后亦归附胤禩。

三、皇五子胤祺为人忠厚；皇七子胤祐有残疾，皆谨饬自守，未参加派系争斗。

四、皇十二子胤祹品格不高，不为兄弟所重，参加派系与否，无关紧要。

五、皇四子胤禛与太子不睦，与胤禩亦不睦，为人深刻，弟兄皆不乐与之亲近，唯一的例外，可能是皇十三子胤祥。

六、皇十四子胤祯，与其同母兄的性格正好相反，对兄弟极其热诚友爱。这也可能是德妃鉴于其“长子”缺乏人缘，对胤祯在这方面格外加强教育之故。

如上所述，到了第二次废太子以后，康熙考虑继承人时，以下之人首在排除之列：胤禔、胤礽、胤祥，即皇长子、皇二子、皇十三子。因为此三人皆已获罪被幽禁。

此外，才具不胜，或无人君之度，被排除者有：胤祺、胤祐、胤䄉、胤裪。即皇五子、皇七子、皇十子、皇十二子。

剩下的只有皇三子胤祉、皇四子胤禛、皇八子胤禩、皇九子胤禟、皇十四子胤祯等五人。胤祉如中选，胤禛必反对。胤禛的为人，康熙深知，他要反对什么人，所用的手段一定很激烈；同样，他亦反对胤禩、胤禟。所以，只要有胤禛在，皇三、八、九子任何一人接位，都会引起骨肉之祸。

然则胤禛如何？以他的不得人缘，恐怕一旦接位，除了胤祯以外，所有的兄弟都会反对他。

这样，剩下来的就只有一个胤祯了，尤其是自胤禩自知帝位无望，倾全系势力支持胤祯，为康熙消除了极大的隐忧。当然，胤禛亦不会服气，但既系一母所生，情让幼弟，无论如何是可以讲得通的。

我相信，康熙的这个想法，一定跟胤祉、胤禛、胤祺这三个封为亲王的儿子谈过，甚至胤禛曾力赞其成，此或为康熙重用年羹尧的一个原因。因为年为雍邸属下，照康熙想，胤禛既有此表示，自然会利用其影响力，要求年羹尧格外出力助大将军胤祯。谁知胤禛别有深心，借此机会取得父皇的信任，布置了他的心腹去钳制同母幼弟！

有一个事实值得重视，雍正居藩时，在海淀及热河皆有赐园，在热河的赐园，位于避暑山庄以北的狮子山，名为“狮子园”。在海淀的即为圆明园。但文献中似不曾见诚亲王胤祉在海淀有赐园，果然只有胤禛受此恩遇，自是对他情让皇位的酬庸。

总之，自胤祯受任抚远大将军，准用正黄旗纛，即为康熙对储位已定的强烈暗示。金文中说：

> 圣祖晚年自废太子后，对于诸子的谋为皇储，以及朝中重臣的拥附邀功的举动，最为敏感。他不可能不顾虑到，若大将军是由皇子之中某人充任时，将给予当时政治上所发生的影响有多大，同时，也不可能不使他的臣民联想到这是白发高龄的皇帝已安排好了皇储的暗示。笔者认为这就是康熙反复考量、权衡再三、默察良久、迁延数载，迟迟没有派出大将军的原因。

迁延久之，终于派出，实以康熙想借此训练胤祯如何统兵御将，如何培养人才，如何指挥大兵团作战。我们可以很明显地看出来，这一次的青海之役，实兵演习的意义，大于克敌致果的要求。果然是为了克敌致果，一延信或一年羹尧，足以办之。

照康熙的想法，当他退位之年，诸长子皆将半百之年，有子有孙，安富尊等，应该不至于以未得接承大统为憾；十五阿哥以下的诸幼子，有笃于手足之情的胤祯照顾，亦可放心。至于胤祯本人，做皇帝的条件固已具备，复有才干过人的胤禛及胤禩辅佐，必可长治久安。至于既经强烈暗示胤祯为储君，而又不立太子，甚至王掞在康熙六十年上疏诸建储，几遭不测之祸者，实以此举在皇子之间会破坏了原来美好的关系之故。

如前所述，胤祯膺选的关键是康熙认为唯有他在兄弟之中没有冤家对头，所以唯有他做皇帝，才可以免除骨肉相残之祸。因而，他一方面希望诸皇子支持胤祯，另一方面亦必训诫胤祯尊敬兄长，爱护诸弟。诸皇子兄友弟恭，一团和气，是康熙晚年全力所追求之事。

倘或立胤祯为太子，则皇太子位在诸王之上，譬如皇太子千秋节，御惇本殿受贺，诸班大臣行二跪六叩礼，此对其年长诸兄是一极大刺激。首先胤禛绝不会心甘情愿地为同母胞弟磕头。同时，皇太子行动皆受仪制约束，不能多亲近兄弟，则感情日疏，嫌隙渐起。加以东宫官属，难免仗势欺人，终于重蹈胤礽被废以前的覆辙。康熙何能不深引为戒?

综观康熙的身后之谋，为国为家，较明太祖的设想更为高明。明太祖的计划是设大本堂，授太子以帝王之学，分封诸子以为屏障，内有圣君，外有强藩，打造一座“铁桶江山”。但他没有想到太子朱标会先他下世，而燕王会谋侄之位。康熙亦没有想到，骨肉之祸不起于他人，偏起于与胤祯同母的胤禛，死而有知，绝难瞑目。

关于胤祥的问题，金文中所引一道上谕，可以充分支持我的发现：胤祥始终未受父封。兹转引如下：

兹值复立皇太子大庆之日，胤祉、胤禛、胤祺，俱着封为亲王。胤祐、胤䄉，俱着封为郡王。胤禟、胤祹、胤祯，俱着封为贝子。尔衙门即传御旨，察例议奏。将谕。康熙四十八年三月初十日。

皇十二子封贝子，皇十四子亦封贝子，皇十三子胤祥何以不封？理由只有一个，即如这道上谕中不见胤禩的名字一样，是获罪已遭幽禁。至于获罪的原因，我曾推测是胤禔与胤禛同谋，在看管胤礽时，出以魇胜的密谋，事发以胤祥顶凶。这个猜测亦有旁证。《清史稿·胤祉传》：

（雍正）八年二月，复进封亲王。五月，怡亲王之丧，胤祉后至，无戚容。庄亲王胤禄等劾，下宗人府议。奏称：胤祉乖张不孝，昵近陈梦雷、周昌言，祈禳镇魇，与阿其那、塞思黑、胤禵，交相党附。其子弘晟凶顽狂纵，助父为恶，仅予禁锢，而胤祉衔恨怨怼。怡亲王忠孝性成，胤祉心怀嫉忌，并不恳请持服，王府齐集，迟至早散，背理蔑伦，当削爵，与其子弘晟皆论死。上命夺爵，禁景山永安亭，听家属与偕。

何以胤祥之死，胤祉“无戚容”，“并不恳请持服，班王府齐集，迟至早散”，就因为胤祉卑视胤祥之故。须知魇胜之事即为胤祉所检举，本意要对付胤禛，哪知胤祥出面顶凶，使得胤祉的打击落空，自然痛恨胤祥。而雍正由此触及旧恨，正好替胤祥报仇，所以胤祉得此严谴。更奇者，胤祉与皇五子恒亲王胤祺，同死于雍正十年闰五月十九日丑刻。何以有此巧合？实在不可思议，也许其中另有一段内幕，金教授能为我们作一解答否？

出版后记

本书初版名《高阳讲古》，1977年9月由台北求精出版社出版，仅收录5篇文章。1983年11月皇冠出版社推出新版时，补入《明宫大喋血发秘》一篇，书名也改为《宫闱搜秘》。

和他的历史小说一样，高阳杂谈文史的文章，大多也是先在报刊上发表，然后结集成册的。本书中《清圣祖如何解决他的皇位继承问题》一文就提到，《雍正夺嫡的真相》一文首发在1975年某日的《中华日报》副刊上。可惜年代久远，已很难一一觅出原始出处了。

高阳的文史杂著，有一特别的长处，就是他能一边讲故事，一边做考据，旁征博引，洋洋洒洒，热衷此道的人固然欣有所得，略识之无的大众读者，读来也觉津津有味，大开眼界。尤其他在本书中讲述的，多是数百年间里巷相传的野史疑案、宫闱秘辛，无疑更能引发读者的兴趣。